トライアル・アンド・エラーに学ぶ

質の向上を目指す
保育マネジメント

井上眞理子・田澤里喜・田島大輔 編著

中央法規

はじめに

　令和に入り、出生数が過去最少の90万人を切り、大きな課題として子どもの育ちを保障していける社会を、国としても考えていかねばならない現状です。保育を取り巻く環境の中でも子ども庁の創設が議論され始め、同時に、今までさかんに議論されてきた待機児童対策である保育の量的拡大から、保育の「質」の議論へとシフトしてきています。

　文部科学省や厚生労働省でも、保育の「質」の議論がなされ文部科学省（2020）の「幼児教育の質の向上について（中間報告）」や、厚生労働省（2020）保育所等における保育の質の確保・向上に関する検討会の「議論のとりまとめ」等の議論からもわかるように、国をあげて保育の「質」を考えようと議論をしているのです。

　各々の園でも、保育の「質」の重要性を意識し「今までやっていたことに間違いはない。今までやってきたことを大事にしてやっていればいいのだ」と考えている園は少数派で、保育を見直したり考えたりして、社会に求められる保育を探求しているのではないでしょうか。まさに新たな時代とともに、令和の保育を作り出そうと試行錯誤しているのです。

　しかし保育の「質」を考え、各々が質を上げるためにチャレンジしているにもかかわらず、先が見えにくいという話も耳にします。なぜ、そのようなことが起こるのでしょう。本書では「保育を変えたいけれど、どこから変えていけばよいのかわからない」「チャレンジをしているにもかかわらず、うまくいかない」「変えることへの抵抗がある」などの試行錯誤の中から、誰もが経験してきた内容をもとに、次の視点に着目しています。

● 先行事例の中にある「失敗」と「挑戦」のプロセス
● プロセスに共通する「サイクル」
● サイクルから実際の保育に向き合うための「保育マネジメント」

　失敗から学ぶ中で挑戦し、そのプロセスを活かしたサイクルを基にして、保育実践をマネジメントするありさまを描いたのが本書です。記載されている実践は、全体的な計画の中にある保育内容をもとに構成されています。つまり、全体的な計画という園の中心となる内容が記載されています。

　どの部分からでも参考にして実践できる内容なので、本書をもとに実践し、その英知を共有し、再度チャレンジする──それこそが保育マネジメントであり、保育の「質」へとつながるプロセスです。

　さあ、そのプロセスのありさまを記した実践事例から"保育マネジメント"のあり方を考えていきましょう。

和洋女子大学
田島大輔

Contents

第5章
園の保育の質の向上を目指して

おわりに

試行錯誤から生まれる
新たな保育のあり方

保育の質が向上するためには、チャレンジしていこうとする「試行」と、
何度も立ち止まって考える「錯誤」、つまり「試行錯誤」をしながら
実践を重ねていくしかありません。
時にもがき、苦しみながらもちょっとずつ前進していく、
そんな保育にとっての「試行錯誤」である「トライアル・アンド・エラー」
（挑戦と失敗の積み重ね）は多くの園が繰り返ししてきたことです。
では、保育の質が向上するようなトライとエラーは
いったいどのようなことなのでしょうか。何が大切なのでしょうか。
第2章以降の事例を見る前に、まずは考えてみましょう。

1

保育の営みとマネジメント

「保育っていろんなことあるじゃないですか」

本書は編者の一人、田島先生の「保育っていろんなことあるじゃないですか」という言葉から企画がスタートしました。

近年、保育の実践事例を本や研修会などで目にする機会がものすごく増えました。また、養成校の授業でも、学生は以前より数多くの実践事例を見て学んでいます。

実践事例を見る機会が増えた理由の一つに、機材・機器の発達があります。デジタルカメラやスマートフォンなどの普及により、保育実践を記録することも見ることもとても容易になっていますから、保育実践を見る機会が飛躍的に増えたのも当然といえるでしょう。

他にもいくつか理由は考えられますが、たくさんの事例が紹介されるようになったことが、保育の質の向上に大きく貢献をしてきたことに疑いの余地はありません。

しかし、これらの実践を見た時、「この場面、担任の先生、すごく悩んだんじゃないかな？」「うまくいったように聞こえたけど、実はいろいろあったんじゃないかな？」と感じることも少なくありません。

これはその実践を批判しているのではなく、実践の中で悩んだことや、いろいろあったと思われる部分にこそ、大切な何かが隠されていると感じているのです。保育や園の運営に悩み、試し、失敗したら、また考えて、チャレンジして…と繰り返すことが、質の高い保育につながるのではないか思ったのです。

これらの思いが、先の「保育っていろんなことあるじゃないですか」につながり、そこから、たくさんの先生にご協力をいただき、できあがったのがこの本です。

保育実践の多くは、順調に進んでいったものばかりではないはずです。保育の質が高いと感じている園の先生と話をすると「うちの園もいろいろあるんだよ」「たいへんな時があったなあ」などとおっしゃいます。皆さん、悩んで、もがき苦しんで、チャレンジして、失敗して、そこから学んで…と、トライとエラーを繰

り返してきたのでしょう。いや、だからこそ保育の質が向上したのでしょう。

　ですから、この本は単に「うまくいきました」「こうすればできますよ」といった成功例だけを紹介するのではなく、さまざまな園の試行錯誤のプロセスを示し、多くの保育実践者、研究者の学びや参考になってほしいと願って作りました。

「保育マネジメント」ってどんな意味？

　さて、本書のタイトルに「保育マネジメント」とあります。この本における造語ですから、聞きなじみはないでしょう。

　この「保育マネジメント」には2つの意味をもたせています。その1つは「保育現場をマネジメント」するという意味です。保育に直接的、間接的にかかわるすべての人や組織に対するマネジメントを示しますが、同じ編者の井上眞理子先生がこのご専門ですから、本章第3節をお読みいただいたほうがよいでしょう。

　もう1つは「保育実践をマネジメント」するということです。子ども理解や保育を深める上でのマネジメントというような意味合いです。本書の事例の多くは、

子どもをより理解しよう、保育をより充実させようとさまざまなマネジメントを実践しているものです。

　例えば、子どもの行動や思いを理解するために保育者間で対話を繰り返している事例や、保育者がより子どもと丁寧にかかわれるように業務改善を試みた事例、子どもの豊かな育ちをともに支えられるように、保護者との連携を検討した事例もあります。

　さらに保育マネジメントという言葉には「保育とマネジメント」という意味ももたせました。

保育の営み≒マネジメント

　「保育とマネジメント」、ちょっとわかりにくいので、いくつかの子どもの姿から説明します。

　私が園長を務める園の隣が回転寿司チェーン店だからなのか、毎年のように回転寿司ごっこがどこかのクラスで盛り上がります。

　例えば、ある年は帽子をかぶって店員役などになりきって遊んでいましたし、

寿司を工夫して作ろうとする年もあり、また、お皿を値段ごとに作ったクラスもありました。

　そして、この遊びが始まると子どもたちは「寿司を回転させたい」と、さまざまなチャレンジ、トライをし始めます。

　例えば、板を斜めにして寿司を滑らせた子どもたちがいました。確かに寿司は動くのですが、回転ではないので、子どもたちは納得していません。

　また、他の年度の年長組は、園の隣の回転寿司チェーンを見学し、回転させている機械を見せてもらったこともありました。でもその機械はとても作ることができそうにありません。

　さらに、また違う年に、年中組の子どもが、寿司皿にひもをつけて引っ張るというアイデアを実践してみました。でも、うまくいきません。

　こういったうまくいかない回転寿司の話を大学の授業で話をしたことがありま

す。するとある学生が「プラレールに皿をつければ、回転寿司屋さんごっこできますよ」と教えてくれました。

　なるほどと思いつつも、私は「そうじゃない…」と強く感じました。それは、子どもが「どうしたらいいかな」と考えて、生まれたアイデアをトライして、失敗して、また考えてと繰り返し試行錯誤していくような、プロセスの中での学びの機会を大切にしたいからです。「プラレールでできるよ」と教えることが保育における正解ではないはずだからです。

　このことは、保育マネジメントでも同じだと思います。園長やミドルリーダーが答えを教え、その通りに保育者が動くことがマネジメントではありません。回転寿司を作りたい子どもたちのように試行錯誤している過程のなかで、保育者も成長するし、保育の質の向上にもつながります。さらに真に試行錯誤しているときの保育者は真剣ですから、子どもの育ちにもプラスになるのです。

　このように保育の営みとマネジメントはとても近い関係にあるからこそ「保育とマネジメント」という意味をもちます。ですから保育もマネジメントもトライアル・アンド・エラーを繰り返していくことが大事なのです。

　最後に、私はマネジメントで一番大切なのは雰囲気だと思っています（保育も同じですね）。マネジメントはシステムの構築も大切なのですが、それよりも保育にかかわる一人ひとりやその集団の雰囲気がマネジメントの基盤になると思っています。

　これは園長やミドルリーダーだけがすべきことではありません（園長先生から発する雰囲気は組織に大きく影響しますが）。子どもにかかわるすべての人がその雰囲気を作っているという意識をもつことが大切なことなのです。

　だからこそ、本書は園長などのリーダー層の先生だけでなく、すべての人に読んでほしいと思っています。本書の事例や対談などから保育の質が向上する、または保育を変えていけるようなきっかけが見つかると幸いです。　　　　（田澤里喜）

1・2

失敗とは何だろう?

失敗を大事にする文化は昔からある

古くから伝わる格言・ことわざ等には、失敗（エラー）から学ぶものが多くみられます。

例えば「失敗は成功のもと」。失敗を重ねることにより経験を積み重れ、改良を重ねるからこそ成功につながる。だからこそ、失敗から学び取り、次回に活かす。つまり、失敗は悪いことではなく、その中から見えてくるものがあることを意味しているのでしょう。

同じような意味のことわざに「七転び八起き」という言葉もあります。何度、失敗しても立ち上がり、今度こそ成功させるぞというファイトをもって、しくじってもへこたれず立ち向かっていくことの大切さを示しているのでしょう。

また、失敗を示す言葉には「弘法にも筆の誤り」というのもあります。ある道にすぐれた人も失敗することがあることを示していますが、天狗にならず、失敗したら初心に戻ることも大切さもこの言葉から学ぶことができます。

このような失敗にかかわることわざや格言は他にも多くあります。つまり昔から物事には失敗はつきものだし、それを前向きにとらえたり、あきらめずに改善を考えたりすることが大事であることが言われ続けているのです。

失敗から学ぶというけれど…

「失敗」は誰もが忌避したいことでありますが、失敗とはネガティブな要素だけを含む言葉ではないはずなのです。

Appleの創業者であるスティーブ・ジョブズ（2011）は、「失敗は成功へのプロセス」と述べています。知っている方もいるかと思いますが、Appleを首になるなど失敗を繰り返していた人であり、数々の革新的なプロダクトなどを生み出した人だからこそ言葉に重みを感じます。そんなジョブズ（2011）は、失敗から学ぶには、失敗を成功へのプロセスだと考え、チャレンジを続けることが大切で、終着点（結果）が重要じゃない。旅（プロセス）の途中でどれだけ楽しいことをやりとげようとしているかが大事だと記しています。（スティーブ・ジョブズ, 2011. 括弧内筆者加筆）

成功のために失敗から学ぶという「試行錯誤」を体現しているジョブズの考える、「試行錯誤」「トライアル・アンド・エラー」は図1-1のとおりになります。

図1-1　ジョブズの思考を基にしたトライアル・アンド・エラーの思考

間違うこと（失敗）を 怖がらずに チャレンジすること	→	失敗は自分の 知っていることや 知らないことが明らかに なるチャンスであること	→	失敗に着目して必ず 回復できると信じ、 失敗からの回復は以前より 前進する力になること

　そうは言っても、ジョブズほどの力量のある人がそう多いとは思えません。しかし、「ジョブズだからこそ、そう思うよね。私なんかと違うから…」と思ってしまっては、そこでトライは終わってしまいます。

　では、もう少し角度を変えて考えてみましょう。

　モーザー（2010）という心理学者は、人の思考傾向や姿勢（マインドセット）によって失敗への受け止め方が図1-2のように異なるということを言っています。

図1-2　人の思考傾向や姿勢（マインドセット）による失敗の受け止め方の違い

固定型マインドセット 知性や才能は変えられないと考える。 失敗に着目しない。	成長型マインドセット 知能も才能も努力で伸びると考える。 失敗に目を向ける。

　もう少しわかりやすくいうと、失敗から目を背ける、もしくは気がつかない人より、失敗に着目している人ほど失敗後の課題を受け止め、成功に近づけるということになるのです。

　このように考えてみると、ジョブズの言うように、「失敗しても旅の途中でどれだけ楽しいことを見つける力」という余裕はなくとも、「失敗を受け止める」「気がつくこと」から始めることならできそうなはずです。

サイクル構築の重要性

　保育・教育の世界でも「PDCAサイクル」という言葉をよく聞くようになりました。PDCAサイクルは「Plan（計画）－Do（実行）－Check（評価）－Action（改善）」という一連のプロセスを繰り返し行うサイクルのことで、この一連の循環を繰り返すことで成長を継続し、より大きな成功につなげることがPDCAサイクルの目的です（図1-3）。

　主に生産管理や品質管理などの生産現場で使われていましたが、今では個人・組織を問わず「成長し続ける」ための手法として、ビジネスやスポーツ業界・教育などのあらゆる活動の中で活用されています。

図1-3　PDCAサイクルの例

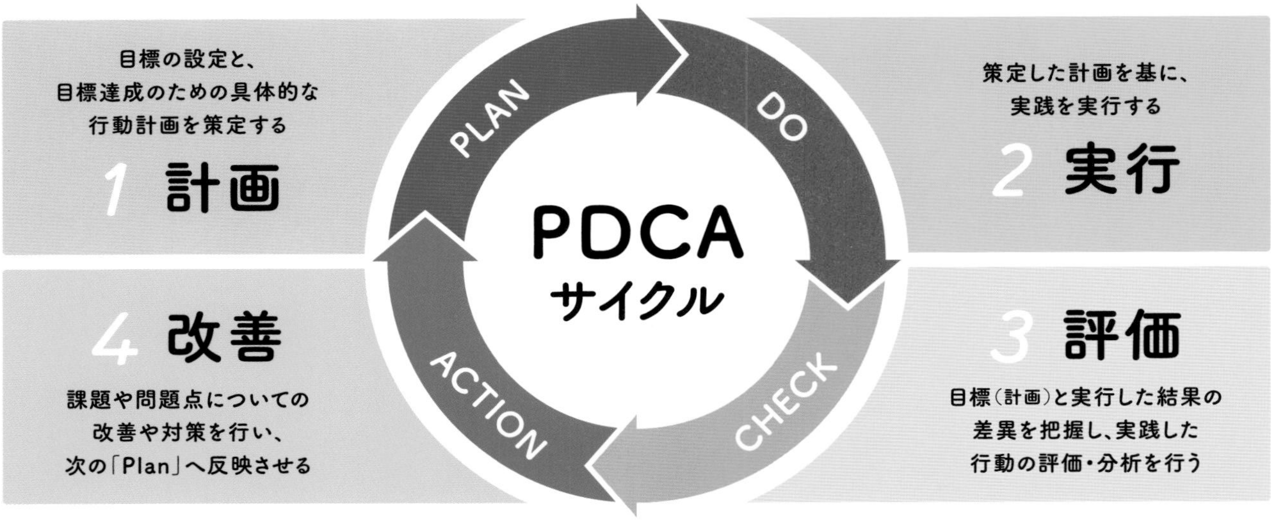

目標の設定と、
目標達成のための具体的な
行動計画を策定する

1 計画　PLAN

策定した計画を基に、
実践を実行する

2 実行　DO

4 改善　ACTION

課題や問題点についての
改善や対策を行い、
次の「Plan」へ反映させる

**PDCA
サイクル**

3 評価　CHECK

目標（計画）と実行した結果の
差異を把握し、実践した
行動の評価・分析を行う

出典：RICOHマネジメントスクール図を参考に筆者作成

　このPDCAサイクルのようなサイクルの考え方が保育の世界でも取り上げられることが増えてきました。たとえば、2020年に改訂された「保育所における自己評価ガイドライン」の保育内容等の評価の基本的な考え方を図1-3で示していますが、これはまさしくPDCAサイクルです。

　「保育所における自己評価ガイドライン」は、「保育士等による保育内容等の自己評価」における保育士等が行う保育内容等の自己評価の流れとして次のとおり示し（一部抜粋）、また、図で示しています。

> 子どもの理解を踏まえ、個々の保育士等が行う自己評価に当たっては、保育の計画（P）と実践（D）を振り返り（C）、その結果をもとに改善・充実の方向性や目標と、その具体的な手立てについて検討（A）します。自己評価の結果は、次の指導計画等に反映（P）されます。
> 出典：「保育所における自己評価ガイドライン（2020年改訂版）」p.9。括弧内及び下線筆者

　自己評価ガイドラインはその名のとおり、「評価」つまりPDCAのC（Check）を焦点化したガイドラインです。しかし、Checkだけをすれば「評価」になるわけでも、保育の質の向上になるわけでもないので、上記の文章のように、PDCAのすべてとそのサイクル（「次の指導計画等に反映」というような次のPの始まりも示している）を意識しているのです。

　同様に、文部科学省「幼児教育の質の向上について（中間報告）」（2020年）でも、保育の「質」の具体的な方策として「質評価の促進として、各園の独自性を確保しつつ、評価を通じたPDCAのサイクル構築の重要」と、サイクルの構築が焦点にあてられています。

図1-4 保育内容等の評価の基本的な考え方

保育所保育指針に基づく「保育内容等の評価」について、
目的と意義・対象・主体・全体像など、
基本的な考え方を説明。

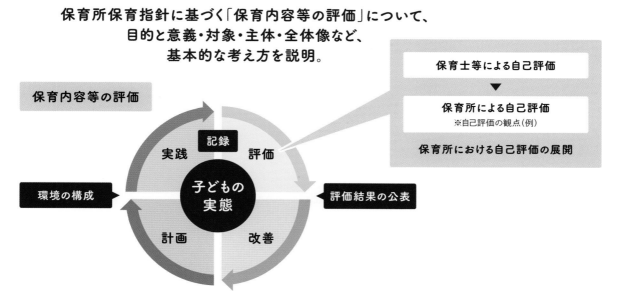

出典：厚生労働省「保育所における自己評価ガイドライン（2020年改訂版）」を一部改変

図1-5 保育士等が行う保育内容等の自己評価の流れ

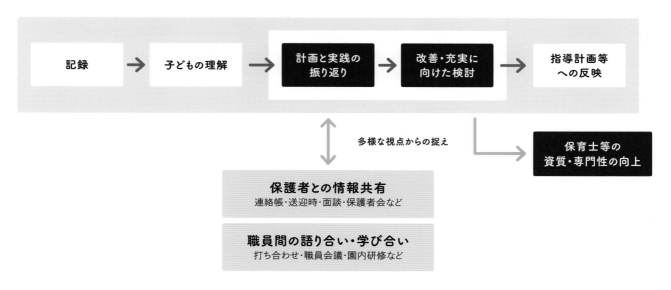

出典：厚生労働省「保育所における自己評価ガイドライン（2020年改訂版）」を一部改変

このようにPDCAサイクルが保育の世界でも注目されていますが、それは、やみくもに毎日保育をしていればいいわけではなく、計画、実践を、失敗を含んで振り返り、「次はどうすればいいのかな？」「じゃあ、こうしよう！」と改善を試みて、また時に失敗して、また「どうしたらいいのかな」と考えて…ということを繰り返すことが質の向上につながることを示しているのです（例として図1-6のようなサイクル）。

エラーからトライできるために…

　サイクルが大切といわれても、保育現場は多忙ですから、失敗も喉元過ぎれば…と忘れてしまうことも多いです。

　また、ちょっとした失敗を振り返ることができず、積み重なることにより、常態化し、失敗を改善しようとしても、失敗が重なることでどこから手をつけていいかわからなくなってしまったり、さらに失敗を失敗として感じられなくなったりすることもありそうです。

　「じゃあ、どうすればいいの？」

　ぜひ、次章からのさまざまなトライアル・アンド・エラーの実践をお読みください。ここに書かれている事例は、特別な園で起こった事例ではありません。記載されている事例のトライアル・アンド・エラーの原因や要素はどこの園でも起こりうる内容なのです。そして図1-6のようなサイクルやプロセスを繰り返していく必要性があるのです。

図1-6　PDCAのサイクルを活かしたトライアル＆エラー

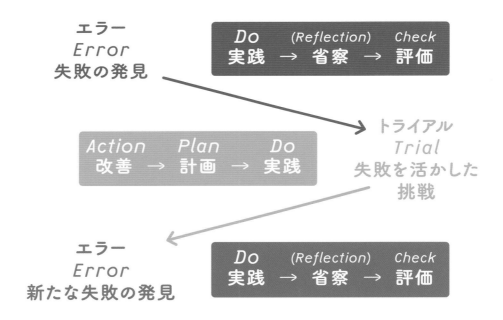

　失敗からの挑戦といわれると、皆さんも自分では気づけなかった失敗を指摘されたような気持ちになるところがあるかもしれません。そのようなときは悔しい気持ちや恥ずかしい気持ちになることをぐっとこらえて、貴重なアドバイスとして受け止め、失敗を分析し、失敗から学ぶチャンスに変えてみてはいかがでしょう。そのようなサイクルやプロセスを大切に物事を考えていくことこそが保育の「質」の向上につながるのです。

（田島大輔）

現場で取り組む
トライアル・アンド・エラー
マネジメント的な意味は何だろう?

多様な組織の要因・資源が織りなす保育実践

「トライアル・アンド・エラー」のプロセスは、組織マネジメントそのものと言っても過言ではありません。「エラー(問題・課題)」をどう解決していくのか。その具体的なプロセスを考え、実行することがマネジメントの本質だからです。

問題が一つもない、という組織は存在しません。たとえ、理想的に保育が展開しているように感じたとしても、その状態は永遠には続きません。組織は、さまざまな要因・資源によって成立しています。最大の資源は「人」です。保育現場では、管理職、職員、子ども、保護者、地域の人々…多様な「人」がかかわり合い、生活をし、保育を生み出します。そして、人と人が出会うと、相互が影響し合い、さまざまな化学反応が生まれます。

4月、多くの園・現場では、さまざまな対応に追われ、一年で最も忙しい時期を迎えます。「人」がもたらす新しい化学反応によって、予期せぬことが起こりやすいのも、この時期です。新しく採用した職員、新たな役職や人員配置、チーム編成の変化。新入園児が生活を始め、新たな保護者との出会いがあります。

さらに組織の資源は「人」だけではありません。カリキュラムや保育環境、教材や遊具、保育記録や研修システム、処遇や勤務時間、保育を取り巻くあらゆるものが資源となり、組織を形成します。これらもまた、相互に影響しあい、絡み合いながら園のベースをつくり、保育実践を生み出します。新しい要因が加わると当然、違った展開になります。今まで静かだった池に、いくつもの小石が投げ込まれ、あちらこちらで大小の波紋が生じ、時に波紋同士が重なり、大きな波紋に広がるケースもあります。子どもたちの生活を揺るがすような波になってしまったとしたら、当然、その波を静めなければなりません。どうやっておさめ、より良い生活が生まれるために何が必要なのか考える、それが組織マネジメントです。

「保育実践」と「保育現場」の"マネジメント"

本書では、マネジメントを2つの層、「保育実践」と「保育現場」でとらえ、両

者が互いに作用をおよぼしながら、保育の質向上につながると考えています。これを「保育マネジメント」と表現したわけです。

この「保育実践」と「保育現場」のマネジメントの関係性を図式化したものが図1-7です。それぞれの層で生じる"トライアル・アンド・エラー"のプロセスが相互に作用しあい、保育の質向上をもたらします。

これまでの保育の質向上は、保育者の高い専門性によって実現する保育というイメージをもたれていたかもしれません。しかし、今や、「カリキュラム・マネジメント」や「組織的な保育」という文言が幼稚園教育要領や保育所保育指針に取り扱われるようになったように、マネジメントの視点を前提にした保育の質向上が求められています。

管理職はさらに、保育者が実践する保育の質を向上させるために、影響を与える園の要素や要因の質を高めることを考えます。これが「保育現場」のマネジメントです。保育者の成長を促す研修や、子ども理解が深まるための記録のあり方、保育者が対話を通して保育を高め合う風土など、保育の質を高めるための保育者を取り巻く環境の質向上のために「保育現場」のマネジメントがあるのです。

"トライアル・アンド・エラー"が、この2つのマネジメントの層を行ったり来

図1-7　保育現場と保育実践のマネジメントの関係性

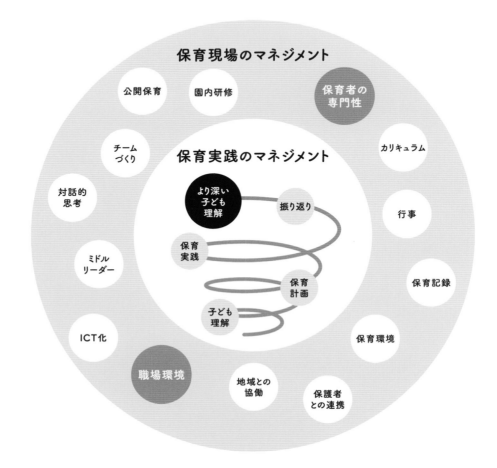

たりしながら、さまざまな局面、多様な要素・要因と絡み合い、どのように展開されたのか、そのプロセスを、第2章以降の実践から読み取っていただけたらと思います。

トライアル・アンド・エラーの難しさ❶
「考える（think）」ということ

　"トライアル・アンド・エラー"のプロセス（図1-8）を整理することによって見えてきたことが2つあります。

　1つは、「"トライアル・アンド・エラー"のプロセスから学ぶ」ことは、時に苦しく、予想以上に難しいのではないかということです。なぜ難しいのか、本書の実践を読み、改めて"トライアル・アンド・エラー"のプロセスを整理してみると、「エラー」と「トライ」をつなぐ「考える（think）」行為の重要性が見えてきました。「考える（think）」、すなわち一足跳びに解決につながらない、一見停滞しているようなこの時間が、このプロセスには不可欠だということです。

　例えば、Step1の「課題（違和感）」でさえも、何も考えなければ、それを課題としてとらえることはできません。「違和感」を感じるためには、常日頃の子どもの様子や保育の実態、組織の状態をとらえ、「あれ？　何かおかしい」とセンサーが働かなければ、「違和感」にすらなりません。

　次に、Step2から3では「課題（違和感）」を発見し、「どうしたらいいだろうか」、まさに「考える」、思考の時間です。Step4の実践に至るまで、かなりの「考える（think）」時間を費します。

　この「考える（think）」が苦しさと難しさを生んでいるのは、悶々とした「考える（think）」時間にあります。課題を発見し、「解決したい、しなければ」とはや

図1-8　**マネジメントのプロセス**（保育の質向上をもたらす課題発見型思考）

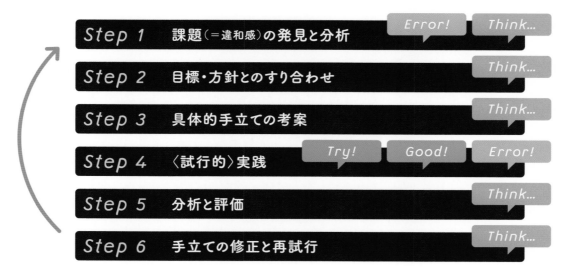

る気持ちの中で、あるいは「気づかなかったことにしよう」と逃げたい気持ちの中で、次の一手を考える時間は、自らを暗中模索の中に留めることになり、時に苦しい経験となります。

　"トライアル・アンド・エラー"のプロセスから学ぶことができる人は、この「考える (think)」行為から逃げないということなのかもしれません。

トライアル・アンド・エラーの難しさ❷
「エラー」を表現することは難しい

　もう一つ、編者として感じたのは、「エラーは予想以上に表現しにくい」ということです。「うちの園もいろいろあるんだよ」「大変なときがあったなあ」と話してくれる先生であっても、具体的に、「何が」「どう」大変だったのかを詳細に書き表すことは、なかなか至難の業でした。

　経験した本人が"トライアル・アンド・エラー"のプロセスを、客観的、理論的に整理し、表現することは、案外、難しいものです。

「エラー」を客観視するのが困難な心理的な理由

❶「課題」に没頭している
❷苦しさ（＝負の大きな感情）の言語等での抽象化は難しい
❸負の記憶は消去されやすい

　"トライアル・アンド・エラー"から「学ぶ」ことを目指すとき、この3つの難しさをできるだけ克服する。そのためには、少し工夫が必要かもしれません。

　執筆者の方々と「どんな事例がいいか」「どのようにプロセスを描こうか」「エラーから学んだことはなんだったのだろう」と幾度となく行った打ち合わせや原稿のやりとり。"トライアル・アンド・エラー"のプロセスを編者と「対話」し、問題に対する自分のそのときの思いを相対し、苦しかった気持ちを言語化し、そんなこともあったなと思い出すなど、3つの困難さを他者とともに整理する機会になったのではないか、と思うのです。

　一人であれば、時に苦しく思い出したくないこと、自分の主観や都合で無意識に避けてしまっていたこともあったかもしれません。「対話」を通して、冷静に振り返ることで新たな気づきを生み出すことができたのです。

　さらに、「エラー」が学びのきっかけになるという職場の風土も大切でしょう。「エラー」を躊躇なくオープンに共有でき、「失敗から学ぼう」という「対話」が許される環境、それを語り合う仲間がいるからこそ、"トライアル・アンド・エラー"のプロセスをスタートすることができるのです。　　　　　　　（井上眞理子）

トライアル・アンド・エラー からの学び❶

第2章では「人材育成」に焦点を当て、
トライとエラーを繰り返しながら
保育者と組織の質を高めてきた実践を紹介します。

ミドルリーダーの成長が組織を育てる

地域の子どもと保護者のニーズに応えることのできる保育施設を作りたいという
理事長（父）の熱意のもと、1988（昭和63）年、認可外施設として
わかば保育園が開園したことから、法人の歴史がスタートしました。
その後、2005（平成17）年に認可保育所となり、待機児童解消の社会的要請を受け、
2012（同24）年にはわかば第二保育園、2016（同28）年には
わかば第三保育園を開園させ、現在では3施設を運営しています。

園の鍋蓋型組織に対する違和感

　一般企業に勤めていた私が、わかば保育園の副園長として保育園に入ったのは、2008（平成20）年のことです。その後、2012（同24）年に園長になりました。保育所を組織として見た時に感じた最初の違和感は、いわゆる「鍋蓋型組織」だったことです（図2-1-1）。役職といっても「園長」と「主任」しかなく、その他の職員は一保育者として職務や役割は漠然としており、何となくそれぞれが感じている「やるべきこと」をやっている状態でした。

　また職員の関係性は、年齢や経験年数、あるいは特性や性格といったパーソナリティによって、暗黙のうちに形成されていました。つまり、仕事上の役割や職務が明確にされているわけではなく、プライベートの延長にある人間関係が、そのまま職員の関係性に持ち込まれていたのです。

　3園を運営する法人になった現在、「鍋蓋型組織」のままでは、法人として組織体制のあり方や人事異動、職員の育成など、さまざまなところですぐに限界がやってくると直感しました。地域に質の高い保育を提供することを願ってここまで進んできた法人にとって、この「鍋蓋型組織」から脱却することは、園長として取り組むべき第一の課題だと認識したのです。

図2-1-1　鍋蓋型組織のイメージ

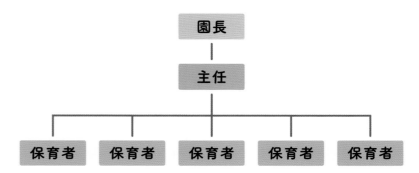

保育士という専門職〈プロ〉として働く意識の低さ

　組織体制の問題に加え、働くことに対する職員の意識の低さも気になっていました。子どもの命を預かり、成長を支え、今後の地域をつくる子どもという重要な役割を担う保育という仕事をする姿勢としては、「専門職としての意識」の低さに疑問を感じていました。

　さらに、「できれば今までのやり方を変えたくない」といった後ろ向きの姿勢が見え隠れする職員もいました。「今までやってきた方法で大きな問題がないのに、なぜ変える必要があるのか」そう思っている職員も多かったことでしょう。

トップダウン型のリーダーになる抵抗感

　このような状態の職場を組織にしていくために、どのような姿勢で職員と向きあったらいいのだろうと考えるようになりました。当然、強いリーダーシップを発揮して問題点を改善していく方法もあります。私の父は、時代背景もあり、そ

のように組織をつくり、法人を発展させてきた功績があることも事実です。

　しかし私は、保育経験があったわけでもありません。おそらく職員が「保育を知らない理事長の息子が、管理職になり、いろいろ言っている」と思うはずです。また、保育の専門的な問題を提案できる知識や技術、経験を備えていないことは、私自身が十分わかっていたことです。そのような私がトップダウン型のリーダーシップを発揮したところで、反感を買うだけだということも認識していました。

　また、職場の雰囲気として、職員が管理職の顔色を伺い、緊張している様子もありました。思ったことを自由に意見することに躊躇しているのではないかと思われる職員の姿もありました。実際、そのような息苦しさからか離職する職員が多かったことも事実です。職員を統制するような方法ではなく、良い意味で専門職としての緊張をもちながらも、互いの意見を尊重し合える、そのような職員集団で楽しい保育をつくる、そんな保育所になってくれたらいい。そう思い、園長としての挑戦が始まりました。

まずは園長が学ばなければ

　一方で、より良い保育とは何か、園長としてどのような現場をどのように作っていくのか。当時の自分は、まだ漠然としたイメージしかなかったかもしれません。職員に「より良い保育を」と求めながらも、具体的な保育や目指す方向性を伝えきれないもどかしさを感じました。おそらく、自分の中でも明確になっていなかったのだと振り返ります。

　地元の園長の集まりにも参加しましたが、どうしても閉鎖的・慣例的な保育から抜け出しきれない閉塞感。方向性が見えなくなり突破口が見出せない歯がゆさもありました。

　そこで、地域から飛び出し、外の世界では保育がどのように語られているのだろうかと、全国の園長が集まる研修会や講演会に通い、多様な角度から保育が語られる場に身を置き、さまざまな地域から集まってくる園長たちが熱く保育を語る姿を見て、少しずつ自分が目指したい保育、園長像が見えてきました。また、職員育成や組織としての現場のとらえ方、いゆわるマネジメントの重要性をあらためて自覚したのもこの時期でした。

　つまり、園長として自らの学びがなければ、新しい組織を作っていくことができないことも実感し、今でも自分にとって学びになる時間や機会を大切にするようにしています。

保育理念を一つのツールとして活用する

　それぞれの勝手な思いや独りよがりの保育を修正するためには、保育の方向性を示し共有する必要があると思いました。本来ならば、園長として私が語り、職

員に理解してもらうことが肝要です。しかし、保育を語るほどの背景が備わっていない私では、かなりの時間をかけて職員からの信頼を得なければ叶わない方法です。そこで、「保育理念をうまく活用できないだろうか」と考えたのです。

　安直な方法かもしれませんが、まずは全職員が参加する毎朝のミーティングで、保育理念を復唱することからスタートしました。この取り組みを始めた当初、「なぜこのようなことをしなければならないのか」と感じた職員もいたかもしれません。私自身も、復唱するだけで職員が保育理念を理解し、そのような保育が展開されるほど簡単なことではないことは承知の上でした。

　しかし、まずは「すべての職員で共有している何か」をもつことが職員の一体感を生むと期待しました。また、保育で戸惑いや衝突が生じたときに、「全員が立ち戻れるどこか」をつくることは、独りよがりの保育の修正につながるとも思っていました。つまり、組織をつくる一つのツールとして、保育理念を活用しようと考えたのです。

朝礼ミーティングの様子。朝の保育に支障をきたすことのない人数で行い、司会者以外の参加者については、各クラスの保育現場の判断で参加します。

保育者との距離感が難しい…

　組織を構築していくなかで、「園長が引っぱりすぎたくはない」という思いが、職員との関係づくりで多くの悩みをもたらしました。園長としての言動、職員との距離感は、日々手探り状態でした。関係性はとても大切です。しかし、職員が保育という専門職として誇りをもって仕事をするためにも、仕事に対して厳しい

図2-1-2　園長の心得

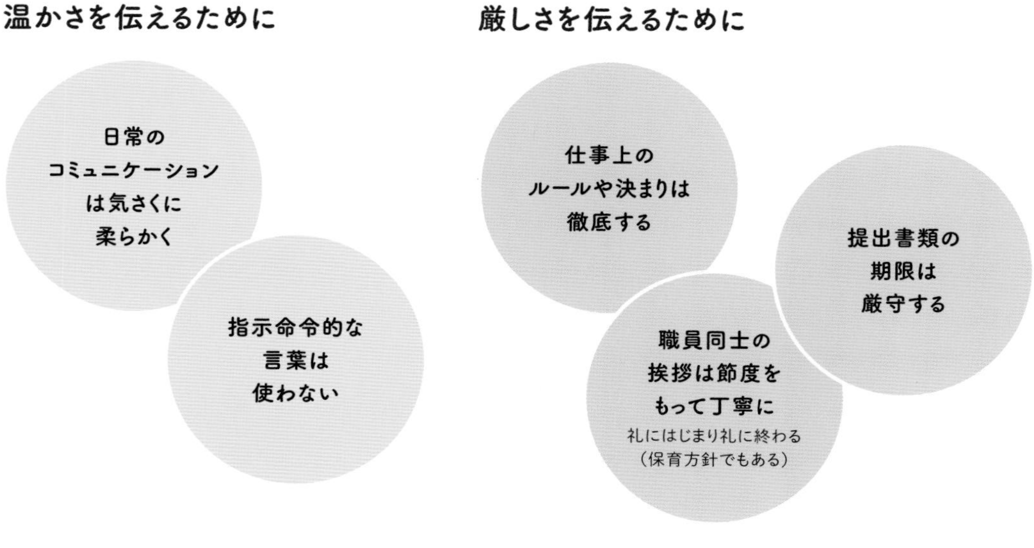

温かさを伝えるために

- 日常のコミュニケーションは気さくに柔らかく
- 指示命令的な言葉は使わない

厳しさを伝えるために

- 仕事上のルールや決まりは徹底する
- 職員同士の挨拶は節度をもって丁寧に　礼にはじまり礼に終わる（保育方針でもある）
- 提出書類の期限は厳守する

25

姿勢で臨んでほしい。このバランスがとても難しく、言いすぎてしまったり、厳しすぎたりしたこともありました。

　この人間関係を作り出すための「温かさ」と、良い意味で仕事としての「厳しさ」を両立する管理職の姿勢を、私なりに試しながら、職員と向き合っていた時期でした。そして試行錯誤を繰り返し、場面と状況によって使い分けることも大事だということもわかってきました。そして、日常的なコミュニケーションは「温かく」、仕事の責務や姿勢は「厳しく」を徹底するようにしていったのです。

ミドルリーダーが育ち、組織ができる「鍋蓋型組織」からの脱却

　組織をつくる上で、ミドルリーダーは重要なポストです。企業で仕事をしていたときにも感じていたことですが、どんな優秀なトップがいても、ナンバー2、ナンバー3が機能しない限り、現場が動かないことも痛感していました。例えば、トップの指示を理解したナンバー2、ナンバー3が具体的な方向性を現場で発揮することで、現場に指示が行きわたります。組織の中にはさまざまな業務内容が存在します。それらをすべてトップが現場に伝え行きわたらせるのは、現実的に不可能です。それが「鍋蓋型組織」の限界だと思っていました。

　実際の現場で保育を展開するための要となるミドルリーダーの存在。これこそが、「鍋蓋型組織」から脱却するカギとなるだろう園長、主任の考えを伝えるナンバー2、ナンバー3となってくれることに可能性を感じました。

　大事なポジションだからこそ、どの職員にその役割を担ってもらうか、選定のポイントが大事だと思います。保育の経験や技術だけでなく、日頃、同僚や保護者、人とどのように接しかかわっているのか、人とかかわる構えを重視しています。同僚から「あの人がリーダーでよかった」と思われる職員が、現場の中心的な存在として園全体を明るい方向に導いてほしいと思っているからです。現在は、現場経験15年の職員がその役割を果たしています。

ミドルリーダーという役割が職員を育てる

　実際、ミドルリーダーという役割が園の中に生まれることによって、職員の様子が変化しました。これまで何でも園長や主任に相談や質問をしてきた職員が、「まずはミドルリーダーに聞いてみよう」と変わったのです。これこそが「鍋蓋型組織」から脱却した瞬間でもあります。

図2-1-3　ミドルリーダー選定のポイント

表情が明るく温かい

物事に対してポジティブな姿勢

自分の思いだけでなく、「チームや園のために」と考えて行動できる

不満に終わらず、前向きに解決する姿勢をもっている

わからないことは、率直に「わからない」と頼ることができる

園長や主任よりも身近にいるミドルリーダーは、次第に職員から頼られる存在へと変わり、信頼や尊敬する気持ちが生まれていきました。

さらに、ミドルリーダー自身にも大きな効果がありました。同僚から信頼され、頼られることによって、これまでの一保育者という役割以上の責任を感じつつ、リーダーとして、職員のモデルとしての自覚や組織を代表しているという誇りも抱いているようです。そしてこれまで以上に、仕事と保育にやりがいと積極性をもって取り組んでくれています。

若手相談。一方的に指導するのではなく若手職員の声を引き出し、対話をしながら問題解決へと導けるよう心がけています。

元々「園のために」という意識が高かった職員の立場や役割を意識した行動が、自らの成長につながったと感じます。園長や主任が育てようと働きかけなくても、ミドルリーダーという役割を全うすることで、自ら育つ姿にたくましさを感じています。

園のミーティングにも課題があった

組織を作っていく上で、話し合いの場は大変重要です。忙しい保育の合間をぬって設定する話し合いの時間だからこそ、効果的なミーティングにしたいと思ってきました。しかし、園長の思いとは裏腹に、実際には多くの問題がひそんでいました。

例えば、発言する職員が少なく、いつも決まった職員が発言しているだけで、他の職員はただそれを聞いているだけのミーティングも多かったです。また、発言者の顔も見ずに、全員が下を向いてメモをとっているだけの暗い雰囲気のミーティングもありました。

ミーティングにおけるリーダーの役割

ミーティングにおいても、リーダーの存在は重要です。リーダーとしての視野、考えをもちながら、発言される職員の思いも受け止めなければなりません。時には解決策や方向性を示す必要もあります。ミーティングの場では、話し合いがまとまったと思っていたにもかかわらず、職員に伝わっていないこともあります。予想した受け止め方にならず、物事が真逆に進むこともありました。

ミーティングを含め、職員の考え方を受け止めながら、的確に伝えることが、リーダーに求められる力でもあります。このような役割を全うできるようになるために、リーダーも日々成長していくことが必要です。

リーダーが育ち合うミーティングを目指して

当園では月1回、リーダー会議を開いています。これは、ミドルリーダーを中心に、園長、主任、各クラスのリーダーが参加するミーティングで、各クラスの保育の共有や方向性のすり合わせを行うことを目的に話し合う機会です。行事の目的の再確認など、園の運営に関する話題もありますが、職員の課題も情報として共有されます。

例えば、「職員からの相談にうまく対応できず、どうしたらよかったのか」といった内容です。つまり、人材育成の課題をリーダー同士が共有し、解決に向けて話し合う機会になっています。このように、リーダーだからこそ抱える課題や率直な思いを共有する時間になるよう、時にはお茶を飲みながらリラックスした雰囲気の中で行っています。ミドルリーダーでも経験の年数が異なり、プレッシャーを感じる職員もいます。ミドルリーダーとしての学びや反省、今後の取り組み方など、お茶を飲みながら何気ない会話の中で精神面の安定を図ることができるようなミーティングのあり方を模索しています。

リーダー会議の様子。会議という名目ではありますが、硬くならずフランクな形で、時にはプライベートな内容が話題となることもあります。

ミーティングにおける園長の役割

リーダー会議では、園長はとことん聞き役に回っています。園長が「こうしたらいい」という答えを職員に与えることにならないようにしています。互いが語り合うことを通して、多様な考え方を受け入れる姿勢こそが、人材育成に向き合うときに必要になると考えているからです。

園長が一方的に答えを与えるのではなく、発言をとにかく聞くという姿勢から「相手を知る」スタンスの大切さを感じてくれたらと願っています。また、リーダーという立場の発言はそれなりの責任と重みをもって職員に伝わることも知ってほしいのです。

ミーティングを通して、一人ひとりのミドルリーダーが、単なる業務の伝達に終始せず、リーダーとして成長できる時間になるようにサポートすること、それが園長である私の役割です。

ミドルリーダーが悩み苦しむ姿がみられるようになり…

保育者歴15年のミドルリーダーは、長年3歳以上児のクラスを担当した職員

でした。これまでの経験とスキルを活かしてくれると期待しました。実際この職員は、保育実践について誰もが認める存在でした。園長として、この職員を配置することで理想とする組織の構築がいち早く確立すると考えたのです。

　この職員には、時間をかけ、園長自ら組織の中でミドルリーダーがいかに大事な存在であるかを伝えてきました。ですから、リーダーとしてすぐに力を発揮し、円滑に組織が機能し始めると思っていたのです。

　しかし、理想と現実は異なるものでした。いざミドルリーダーとして現場で動き始めると、さまざまな悩みや葛藤の連続で、その都度相談を受けるようになったのです。自分より保育経験がある職員に対して物事を言いづらい。自分の保育観が強固な職員は「自分はこうだと思う」「でも」など受け入れようとする意志がまったくないため対応に困る。園の理念や方針を伝えながら、「こうしていきましょう」、「こうしてほしい」と言ってみるものの、職員に納得していない態度をとられて苦しい気持ちになる……。

　良かれと思って、リーダーの役割を発揮しようと思えば思うほど、「もやもやした何か」が残り、日ごとに蓄積されていく。園長として、ある程度のこのような相談は想定内でしたが、ミドルリーダーの悩んでいる姿は予想を超えていました。

ミドルリーダーを支える保育理念

　そこで、ミドルリーダーの思いだけで動いているのではないこと、保育理念や方針がその根底にあることを根気よく職員に伝える大切さを拠りどころにして、ミドルリーダーを支えました。やはり、組織を強化していく上で不可欠なのは理念の徹底であり、保育の質の向上は、この理念という土台の上に積み重なっていくものだと信じているからです。決して職員の「自己流」にはなってはいけない。その断固たる決意は、園長としての自分を支える根幹でもありました。

　ミドルリーダーを救ったのは、理念をしっかり受け止めてくれていた職員がいたこと。その職員のためにも、ミドルリーダーとして自分が組織全体のためになるということを肝に銘じてくれていたことです。

　現在でも、組織として職員が一丸となって保育の質向上に取り組むまでには至っていません。これからも職員一人ひとりを大切にしながら、それぞれの役割を全うすることによって、職員が自ら成長し、より良い保育をつくるプロ集団としての組織になれるよう、私自身も日々学び、取り組み続けていきたいと思います。

保育者との
かかわりを通して学ぶ人材育成

日本海に浮かぶ佐渡島（新潟県佐渡市）、佐渡市の人口は5万5千人、
新潟県の県庁所在地、新潟市からフェリーで2時間半、
高速船でも約70分かかり、本土からの交通手段は船のみで、
台風や冬の低気圧で日本海が荒れた際には欠航することもしばしばあります。
法人が佐渡市の公立保育園民営化の公募に選定され、
2013（平成25）年4月から羽茂こども園（当時：羽茂保育園）となり、運営しています。

限られた人材を活かす園づくり

サラリーマンから、離島の園長に

　2012（平成24）年、私は初めてこの地に降り立ちました。法人が佐渡市の公立保育園民営化の公募に選定され、翌年4月から、羽茂こども園（当時：羽茂保育園）の園長として園の運営に携わることになったのです。

　もともと私は保育業界とは無縁で、東京でサラリーマンとして社会人生活を送っていましたが、社会福祉法人を立ち上げた義母が新たに開園した認可保育園を手伝うため、3年前から事務長として新潟市内の園に勤務していました。その私が、縁もゆかりもない佐渡で保育園の園長をすることになったのは、自分の人生設計の中ではまったく考えられなかったことです。

　「事実は小説よりも奇なり」、私にとって大きな挑戦のはじまりでした。

職員間の良好な関係性が、ともに成長し合う土台。話しやすい雰囲気づくりも園長の役割だと感じています。

人材確保の厳しさに直面

　公立からの移行準備期間として、民営化開始の半年ほど前から佐渡へ移住して、園の様子を見学したり、役所との打ち合わせを行ったりしていました。まずは職員の採用です。佐渡と新潟は海を隔てて距離がありますので、新潟市の園の保育者を佐渡市に転勤させることは簡単ではありません。もちろん、佐渡と新潟間で通勤はできません。私以外の保育者は全員佐渡で採用することになりました。

　結果的に4分の3を公立羽茂保育園の臨時保育者から、4分の1を佐渡市の他の公立保育園の臨時と新卒の保育者を採用し、移管後の園を開始することになりました。

　この時私は、今後の人材確保は相当難しくなること感じていました。離島のため、他の市区町村から就職希望の人が来ることはなかったからです。そのため、保育者が辞めてしまったら、そう簡単には代わりの人は見つかりません。この時、採用した人材を育成しながら組織を作っていく必要性を強く感じました。佐渡という地域にとって、人材確保の困難さを直面しましたが、全国的にさまざまな要因で確保が難しい地域や園にとって、背景は異なってはいるものの、採用した職員を大切に育てる必要性は同じだと思っています。

大自然の中で五感を存分に働かせ、遊ぶことのできる環境が、子どもはもちろん、職員の心も育てます。

一人ひとりの保育者を大切にしたい
という園長の思い...しかし現実は

　一人ひとりの職員には、これまでの保育者としての経験や背景、家庭の状況や保育に対する思いは当然あり、特性も千差万別です。その職員の多様性を尊重しつつ、「家族」のように大切に思い、関係を築くことをモットーにしてきました。

　しかし、職員を大切にしたい、尊重したい、可能性を見出したいと良かれと思ってかかわってはみたものの、実際には、私の予想や意図を超えるさまざまな出来事が起きます。職員を大切に育てるために園長としてできること、それが時に「園長の思い込み」となりました。職員育成の難しさに直面したいくつかのエピソードを振り返りながら、試行錯誤のプロセスを紹介したいと思います。

保育者とのかかわりから見えてきた
人材育成に対する園長の思い込み

思い込み事例❶
管理職からみたら理想の保育者...
「きっと満足して働いてくれている!」

園の発展を担う有望な人材

　笑顔が印象的な新卒の保育者Nが入職してきた時、私はとてもワクワクしたのを覚えています。子ども達の前では常に元気で笑顔を絶やさない根っからの保育者だと思っていたからです。また、会議等で積極的に発言をし、相手の話もしっかり聴くことができ、これからどんどん成長していく人材であり、その振る舞いを見て、間違いなく園を背負って立つ存在になるだろうと、とても嬉しくなったのを覚えています。

　2、3年間、彼女の行動を見て、何も言うことはなく、私は目を細めるばかりでした。しかしそこに、私の思い込みがあったのです。

保育者のがんばりに安住していた園長

　実は、Nの内面は、とても悩みを抱えやすい性格でした。ある時、副園長からNが心配だと聞かされた時、私はその意味がわかりませんでした。実際は、保育に迷いがあり、大きく悩んでいるというのです。ショックを受けた私は、何気なく彼女を呼び出し、話を聞いてみることにしました。そうすると、副園長の話のとおり、今自分が行っている保育にまったく自信がなく、今後どう保育をしていったらいいのかわからず、悩んでいるというのです。

　また、私に対しても疑心暗鬼になっているようで、「園長先生が目指している保育がわからない」と言われてしまいました。これには、大きな衝撃を受けました。ある意味、私の中ではNの行っている保育は、他の保育者と比べても、かなり園

の理念に近いと感じていたからです。子どもや保護者からも慕われ、他の保育者からも支持され、私から見てもよい保育をしていると思っていたＮですが、そのことで逆に、私は安心しきってしまったのだと思います。よく考えてみると、彼女を誉めることをあまりしていませんでした。

できて当たり前。管理職が見落としがちな保育者のがんばり

できないことができるようになった時、周りはその人のことを誉めると思います。しかし、他から見て、初めからすばらしいことができていると見えた保育者も、もしかしたらそれができるようになったのは、他の人が見ていないところで苦労を重ねてつかみ取ったものかもしれません。彼女ならこれができて当たり前だ、というように、人を見て誉めるのではなく、その行為を見て、その都度誉めることの大切さをとても強く思いました。

つまり、すばらしい行為をたくさん行う保育者は、たくさん誉められて当たり前なのです。同時に、誉められなかった保育者は、自分のことが評価されているのか、わからなくなってしまいます。どんなに気心の知れた相手でも、言葉に出してコミュニケーションを取らないと、相手は自分の考えを理解してもらえません。園長として、その都度誉めることを怠ってはいけないと思いました。

その後、Ｎはメキメキと力をつけ、自園にはなくてはならない存在となっています。そして、私もそのときの失敗を機に、Ｎに限らず、保育者一人ひとりをその都度誉めることを意識し、忘れないようにしています。

保育の悩みも職員間で主体的に学び合います。さまざまな意見を交わすことが、明日の保育につながっています。

思い込み事例❷
保育者からの提案は大歓迎！
「きっと、やりがいを感じる」

やりたいこと、夢を語ることを奨励

2017(平成29)年、新しい園舎を建設しました。実際に保育を実践する職員の意見を保育環境に積極的に取り入れたいという思いから、園庭の設計については保育者の話を聞きながら進めていました。その中でも、20代のＭは、築山や砂場等について積極的に次々と提案を出し、大変意欲的にかかわっていました。

保育者の提案に対して、ＮＯという答えは言いたくないと思っています。それは、自分自身がサラリーマン時代、承認を得ることができず夢に挑戦できなかったという苦い経験をしたことがあるからです。そのときの悲しい気持ちや、悔しい気持ちを家族同然の保育者に味わってほしくありません。

保育者Mへの期待

　Mは、この仕事にやりがいを感じ、管理職候補として長い視点でこの園で活躍してほしいという思いもありました。2年目からは4歳児クラスのリーダーに抜擢し、経験を積んでほしいという願いもありました。スポーツにも親しみ、子どもと身体を存分に使ってダイナミックに遊びを展開するMにとって、園庭の設計に対して自分の意見を提案することは、いろいろな意味で彼の今後の活躍や仕事に対するモチベーションを高めるために大きな意味があると考えていたのです。

現実的な壁に夢が打ち砕かれたとき

　しかしながら、最終的に園舎側で多くの予算を必要としたため、園庭の整備まで手が回らなくなり、Mの意見を反映する園庭をつくることを断念せざるを得ない状況に陥りました。職員の思いを保育に反映させてあげたいという気持ちは当然です。しかし現実には、職員の願いをすべて叶えてあげられるわけではありません。特に、金銭的なものがかかわると、私の想いだけではどうにもならない時もあります。

　Mには「予想以上に園舎で予算がかかってしまったので、園庭の整備は今回見送らなければならない」と伝え、それまでたくさんのアイデアを提案してくれたことに感謝の意を伝えると同時に「申し訳ない」と謝罪しました。

　実際には、建築資材の高騰や離島という立地により、想定外の予算が必要となってしまったためでしたが、それでも、彼の想いをかたちにできなかったことは、園長としての不甲斐なさも感じました。

　私の話を聞くと、Mは大いに落胆しました。その落ち込みは想像以上でした。もちろん、私自身も園庭の整備ができないという残念な気持ちはありましたが、それ以上にMの姿を見ているのがつらかったのです。Mは、自分が考えた新しい園庭で子ども達と過ごす日々を想像していたことでしょう。しかし、その夢を叶えてあげることができなかったことは、私として断腸の思いでしたが、仕事に対するMのモチベーションが落ちているのは明白でした。

夢が叶わないこともある...
でもその挫折がその先につながるように

　自分のアイデアを提案すること、やってみたいこと、可能性をどんどん語ることはやりがいにつながると伝えていた私ですが、実際にそれがかなわなかったときにはそれ以上にモチベーションを失い、うなだれる職員の姿を見て、無責任なことを伝えてしまっていたのではないかと、改めて自分の言動を振り返りました。可能性を語ることの大切さとともに、絵空事で終わってしまったときの職員のフォローについて、そこまで考えていなかったかもしれません。

　保育にも通じることですが、人が一番成長するのは、自らが主体性を発揮し、困難を乗り越えた時だと思います。逆にいうと、自らが主体性を発揮した夢や提

案で、自らの失敗ではなく、金銭的や他者の考えと合わずに実現できなかった時ほど虚しいものはないのです。

　自らの力のなさであれば、それを教訓に力をつけることで挑戦ができます。しかし、他人の力で実現できない場合は、その夢や提案をあきらめるしかありません。Mのようなケースに限らず、日々のさりげない提案も、保育者の声を大切にしながら向き合ってサポートをしていきたいとさらに強く思うようになりました。

　この出来事をばねにして、Mが再び夢をもてるように、保育者と話し合いながら今後の園庭の計画を進めています。Mも少しずつやる気を取り戻してくれたと感じていますが、園長として、困難なことでもどうやったらできるか、他に実現可能な方法がないか、一緒に保育者と考え、夢や提案をバックアップしたいと思っています。いろいろと解決できない問題はあると思いますが、私が彼の夢に寄り添い、いつかそれが現実できるように、具体的な方策を今、一緒に考えています。

▌思い込み事例❸
適材適所の人員配置

潜在保育者との出会い、「ぜひ、うちの保育者に！」

　保育歴10年の30代ベテラン保育者Kは、ご主人の仕事のために西日本から佐渡へ移住してパートとして保育以外の仕事に従事していました。その後、出産し、子どもが当園に入園することになり、保護者としてKと出会いました。しばらくして、Kが潜在保育者だと知った私は、天性の明るさがあり太陽のような存在のKに、ぜひ当園で働いてほしいとお願いしました。

期待を裏切らない活躍

　予想どおり、Kはすぐに他の保育者からの信頼を集め、存在感を示すようになりました。保育の考え方も園の考え方に合致し、明るさだけでなく、明確にわかりやすく現場の問題点も教えてくれます。このままミドルリーダーとして、園の中核を担っていってくれるだろうと思っていました。

　しかし、一つの不安がありました。その不安とは、夫婦そろって西日本の出身だということです。毎年、お盆と正月には帰省していましたが、お互いの実家に何かあれば、出身地へ戻らなくてはならない可能性も出てくるだろうとは思っていました。しかし、そこは私に何かできることではありません。現時点で当園に在籍している以上、目いっぱい彼女に活躍してもらおうと思っていました。

退職の可能性がある保育者の配置と役割

　思いのほか、そのときは早く訪れました。入職後3年目の途中で、自身の父親の体調が思わしくなく、家族で田舎に帰ることを考えていると打ち明けられまし

た。その時点では具体的な時期は考えておらず、本人としてもご主人の仕事は順調なので、可能な限り佐渡に留まっていたいとは考えている、しかし他に頼れる身内がいないので、父親の体調が悪化すれば、帰らざるを得ないだろうということでした。

　私が園長となり5年目、ようやく職員が一つの方向に向かって動き出し、すべての職員がKを慕い、彼女が求心力となった組織になりつつあるという手応えを抱き始めた矢先の出来事でした。私にとっては正直、とても残念で、できれば聞きたくない話でした。どこかで覚悟していたとはいえ、組織が安定するまではどうにか勤め続けてほしいと思ったことも事実です。

リーダーの役割を問い直す

　彼女はまだ帰る時期をはっきり決めたわけではないので、しばらくはこの園で、これまでと変わらずKに活躍してもらい、たくさんのものを園に残してもらうことがいいのではないかとも考えました。通常であれば、急に田舎へ帰るかもしれない人に、リーダー職を任せるのはリスクがあると考える人もいるかもしれません。また、これから先、働き続けてくれる職員にチャンスを与え、リーダーとしての責務を全うすること、職員の成長の機会を、これからの人材に提供することを優先したほうがいいという考えもあるかもしれません。

　しかしこの時、私はあえてKにクラスリーダーを任せ続けることにしました。そして「この園にいる間は、K先生にクラスリーダーをお願いしたい。できる限り、K先生の足跡をたくさん残してほしい」と伝えました。

　その話をした瞬間、彼女も戸惑いの様子を隠せませんでした。そして、「他にたくさん有能な先生がいるので、交代したほうがよいのでは」と私に言いました。しかし、影響力のある彼女ですので、少しでも長く活躍して、他の保育者に刺激を与え続けてほしいと思いました。Kなりに、私の言葉と思いを考えてくれたのでしょう。その数日後、「いつまでいられるかわからないけど、その間はがんばりたい」と話してくれました。

価値ある営みを園の文化に残す

　結果的にその話をした1年後、4年目の途中で実家に戻ることが決まり、その年度の終わりをもってKは退職しました。彼女が退職して3年が経過した今でも、彼女の残してくれたものはたくさん園に息づいていると思います。保育者としての心構えや、問題発生時の原因分析、保護者とのコミュニケーションの取り方など、多くのことが園の文化、そして財産になっています。

　このとき、私は保育者の適材適所は、向き不向きといった特性やそのときの保育者の現状だけでなく、長期的な視点で園や人間関係への影響力も考慮することを学びました。

保育者の育成を通して、園長も成長する

人を育てるということ

　子どもの主体性をいかに発揮できるかを援助するのが保育だとすれば、その保育者がいかに主体性を発揮できるかを援助するのが人材育成だと思います。保育の場合は、子どもを援助するのが保育者であり、人材育成の場合は、保育者を援助するのが園長です。

　保育の世界に入る前、私は企業で新人教育を担当していました。そのとき、新入社員に単に知識を伝えるのではなく、将来どうしたら現場で困らないかを考えていました。保育の世界に入った時、その場面の援助だけでなく、その子どもが将来いろいろな可能性を拡げていく援助が必要だと学びました。

　相手のことを考えた時、大人だろうが子どもだろうが、最終的にその人が一人で歩んでいくための手助けをすることが大切だと感じたのです。私の場合は、人材育成を経験してから保育を学ぶことになりましたが、多くの本質的な部分で、人材育成と保育は共通していると感じました。大人でも子どもでも、人は人。成長へのかかわり方は変わらないというのが持論です。

園の理念と人材育成

　園の理念は人材育成に限らず、園全体の方向性の羅針盤や道標となるものです。理念がなければ、どのように保育をしたらいいか、どのように保育者を育成するのか、方向が定まりません。人材育成では、極端な話、子どもを危険な目にあわせてまで保育者の主体性を尊重していいはずがありません。子どもの最善の利益を目指す中で、園の理念から人材育成を考えた時に、保育者の育成方針はどうすべきでしょうか。

　大抵の場合、理念はとても抽象的な表現で示されています。日頃からその解釈について園長が自ら考え、リーダーシップを発揮し、保育者と一緒に話し合うことが大切だと思います。

「こうしよう」「そうだね」と主体的に遊び込む子どもの姿は、保育者の主体性を刺激し、成長へと導きます。

　時代は常に変化し、人も少しずつ変わります。ですから、理念や本質的なところを土台として、そのときその人に合った育成の方法を常に模索していくことが肝要です。個性豊かな保育者と出会い、日々かかわることを通して、人材育成に対する園長の謙虚な学びの姿勢を大切にして、これからも保育者とともに保育を作り続けていきたいと思います。

37

主体的に学ぶ保育者集団を目指した園内研修の見直し

「地方」という課題を乗り越えて

大分市の中心部に位置しながらも自然豊かで清閑な地にある、
定員96名の保育所型認定こども園です。
1965（昭和40）年に認可外保育施設として開園し現在、
自由感のある子ども主体の教育・保育の実現を目指し、日々奮闘しています。

「わたしのカンファレンス」からはじまった
園内研修充実への一歩

　近年、保育の質の向上が叫ばれていますが、その有効な手立ての一つが研修の充実だと考えています。しかし、本園の所在する大分市は、地方の中核都市。首都圏や地方の大都市に比べれば、研修資源に乏しいのが実際です。そのような状況だからこそ、園内で研修意欲を喚起し、保育者が自ら主体的に学びを進めてもらう必要があると考えています。

　そんな園内での学びを進めるための取り組みの一つが、「わたしのカンファレンス」（通称「わたカン」）です。わたカンとは、主体的・自発的に遊ぶ子どもの姿の中で、保育者が「いいね」と感じた場面を写真に撮り、保育者同士で発表し合うというものです。発表はパワーポイントを使って行います。パワーポイントは基本的に4ページ構成で、一連のエピソードを表したタイトルスライド1枚と、子どもの遊びのプロセスを3枚に収め、それに沿って発表します。

「わたカン」発表時、保育者は自分の用意した写真を順に見せながら、子どもの遊びの様子や保育者の「いいね」ポイントを語ります。

主体的・自発的に遊ぶ
子どもの姿をどうとらえるのか

　本園は現在、子どもが主体的・自発的に遊び、学ぶという自由感のある「子ども主体の保育」を目指しています。以前は、保育者主導で設定した活動を一斉的に行うことを保育の中核に置いていましたが、2012（平成24）年、東京のある認証保育所が実践していた子ども主体の保育を見学して心動かされ、当園も子ども主体の保育を目指し勉強をはじめました。そして2014年度に試行し、翌年度から本格的に移行しました。

子どもは自発的・主体的に環境とかかわり生き生きと遊んでいるけれど、子どもの姿ってどうとらえたらいいのでしょう…。

保育者自身が「いいね」と感じた子どもの遊ぶ姿を撮るのなら難しくないと、保育者自らどんどん写真を撮るように。

　試行段階で課題となったのが、主体的・自発的に遊ぶ子どもの姿をどうとらえるのかということでした。以前の保育では、子どもは保育者の提示した課題をこなし、それが上手にできるかで子どもや保育を評価していました。

　そんなとき、北九州のある幼稚園が、保育者が「いいね」と感じた子どもの遊ぶ姿を写真に撮って保育者同士で発表し合っていることを知り、これなら本園でもできると、2014年の秋、若干のアレンジを加えてはじめました。

楽しく、保育者同士が笑い合える「わたしのカンファレンス」

　わたカンをはじめると、いろいろな良さを感じました。まず、子どもが遊ぶ中で興味や関心をもったり、夢中になっている姿から、保育者が「いいね」と思う場面を写真に撮るので難しくありません。子どもの姿をどう読み取るかというと、新人にとってはハードルが上がりますが、「いいね」であれば、ベテランも新人も関係ありません。

　また、わたカンの発表時は何といっても場が和みます。発表者は自分が「いいね」と感じた場面ですから、その語り口にもノリが喚起されます。一方、観る側は、スライド1枚目のタイトルを見て、「一体どんなエピソードだろう」と、スクリーンを覗き込むわけです。惹

保育者が感じた「いいね」は、子どもの表情や友だち同士のかかわり、子どもの言葉、遊びの展開などさまざま。

発表者が楽しそうに「いいね」を語るので、聞く保育者からも笑みがこぼれ、場が和みます。

き込まれた中で、2枚目以降の写真スライドを見ながら、子どもの遊びのプロセスを楽しく、時には皆で笑い合いながら発表を聴くことができます。

　わたカンを開催する中で、保育者同士が互いの保育観を知ったり、子どもの姿を肯定的にとらえる目が養われたり、保育者同士の良好な関係性を育んだりなど、その良さを多く感じることができました。

楽しいだけでいいのか
停滞感と見直し

　しかし、わたカンをはじめてから2年ほどが経ち、ちょうど要領・指針の改訂（定）が行われたこともあって、私はだんだんとこう思うようになってきたのです。
　「『いいね』だけを語り合っていていいのだろうか。」
　「楽しい、笑い合う、で終わっていいのだろうか。」
　そこで、保育者にわたカンの精度を上げることの必要性を伝えました。そして子どものエピソードに加え、「幼児期の終わりまでに育ってほしい姿」（以降、「10の姿」）や「資質・能力の3つの柱」（以降、「3つの柱」）などを照らし合わせた発表に変えることを提案し、2018（令和元）年度から実行に移したのです。

「わたしのカンファレンス」の見直しによる違和感と休止

　わたカンの基底となるものは「写真」です。保育者が子どもの遊ぶ姿から「いいね」と感じた場面を撮った「写真」が出発点です。しかし、「10の姿」や「3つの柱」を加えた発表を聴いていく中で、ある種の違和感が生まれてきました。
　「みんな、わたカン楽しんでる？」
　保育者がわたカンを楽しんでいるのか、疑問に思うようになってきたのです。「いいね」で撮っていた写真が、いつの間にか「いいね」ではなく、「10の姿」が

精度を上げたい園長の「わたカン見直し提案」に、保育者はどう感じているのだろう？　「いいね」を大切にしていたはずなのに、違和感が…。

見られる場面を選んで撮ったのではないのか、「10の姿」を加えないといけないプレッシャーでギリギリまで写真を撮れず、発表当日慌てて写真を撮って間に合わせようとしたのではないかなどという想像が私の頭の中で広がっていきました。これでは本末転倒です。そういうわたカンであるからこそ、精度が上がっているのかどうかも不確かでした。実際に保育者から「私の読み取り正しいですか？」と、発表時に不安を覚えると言われたこともありました。保育者には、楽しさよりも義務感が湧出されている気がしたのです。

「10の姿」や「3つの柱」をもとに子どもの遊ぶ姿を読み取ることは大切です。しかし、「いいね」を大切にしていたはずのわたカンの違和感が拭えず、2020（令和2）年度から休止することにしました。

「わたしのカンファレンス」復活に向けて

保育者にとって「写真」は宝だった

わたカンは休止しましたが、保育者が「いいね」と思った場面を写真に撮ることは続けています。実は、撮った写真はわたカンにだけ使用しているのではなく、別のことにも使用しているからです（その取り組みについては後述します）。

わたカンを休止にして半年ほどが経ったある日、数人の保育者から次のようなことを言われました。

「先日の園外研修で写真を使った発表がありましたが、やっぱりうちのわたカンいいなあと思ったんです。わたカンやりませんか？」

「やっぱり保育者同士が集まって、写真で語り合いたいです」

私は嬉しさが込み上げてきました。園長主導ではじめたわたカンでしたが、保育者にしっかりと浸透していたと感じました。たとえわたカンを休止にしても、日常的に写真を撮ることは続けていたからこそ、保育者は私にやりたいと言ってくれたと思います。

「『いいね』を撮ると、語りたくなるのだ。」

「『写真』は、保育者にとって『宝』だったのだ。」

私は、そう気づきました。

わたカン発表時でなくても、保育者が「いいね」を撮ると、自然と保育者同士の語り合いが生まれます。

新たな試みと保育者によるアレンジ

　保育者の声からわたカンの復活を模索しはじめましたが、クリアしないといけない問題がありました。実は、わたカンを休止した別の理由に「働き方改革」がありました。わたカンは全職員が月に一度、閉園後に集まって開催していました。しかし、職員の働き方改革を進めるためにも、夜に全職員が集まってする研修は見直しの最優先事項でした。

　ですから、以前の形態に戻すのではなく、今できることをしようと考え、2週間に1回程度、お昼寝の時間を利用して20分間行うことにしました。4、5人の小グループで、発表者は1人。なかには、子どもの遊びのプロセスがよりわかる動画を使う保育者もいます。園内で共有しているクラウドシステムに、発表者が写真や動画を事前にアップし、参加者がわたカン前に見て、面白いと思ったことや気づいたことをふせんに書いておきます。当日は、それらをもとに皆で語り合うというものです。

　このやり方を考えてくれたのは、2020（令和2）年度より任命したドキュメンテーションリーダー保育者と主幹保育教諭でした。この取り組みははじまったばかりですが、保育者自身が方法を考え、進めていることに意義があると感じています。

保育者発案による少人数での新たな「わたカン」。写真や動画を事前にクラウドに上げ、見ておきます。

参加者は写真や動画から気づいたことや感じたことをふせんに書いておき、「わたカン」時に紙に貼っていきます。

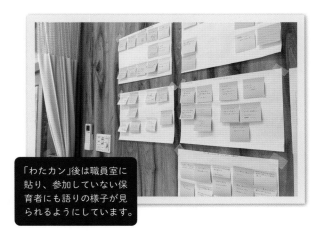

「わたカン」後は職員室に貼り、参加していない保育者にも語りの様子が見られるようにしています。

発表者、参加者がともに語り合います。これまでの「わたカン」よりも、参加者同士の思いや語りが近く感じられます。

取り組みを通して見つめた園内研修充実の鍵

　保育者が撮影した写真は、毎日園のホームページの保護者専用ページに公開しています。また、ドキュメンテーションも作成しています。1週間に一度、全保育者が1枚ずつ作成し、園内の通路に掲示しています。朝・夕に子どもや保護者が立ち止まり眺めたり、保育者同士が掲示を見ながら何やら語り合っている姿もあります。その他、翌週の計画に活かすために週案会議に使用したり、クラウド上で10年間は保存できるので、卒園時の要録作成にも役立っています。

　これらの取り組みを見つめ直して気づいたのは、保育者の撮った「写真」は、保育者の思いがこもった一つの表現だということです。だからこそ、保育者の主体があります。保育者自らが主体的に学ぼうとするきっかけは、保育者自らが表現しようとする思いからはじまるのかもしれません。

　研修資源に乏しい地方で保育者自らが主体的に学びを進めていけるため、園長として常に課題意識をもち、これまでさまざまなことをやってきました。しかし、どれもいつの間にかうまくいかなくなっていたのです。

　そのような数々のトライアル・アンド・エラーの経験を踏まえ、今、園内研修を充実させる鍵は何かと聞かれたら、私は「保育者の思い」と答えます。

　これまでは、保育の質を高めようと、研修の精度を上げることばかり考えてきたと思います。しかし結局、研修の目に見える形にばかりこだわっていたのです。そこにこだわることも大事かもしれませんが、園長ばかり行き急ぎ、保育者の思いを置いてきてしまっていたのかもしれません。

園内通路に貼り出されるドキュメンテーション。無料のアプリを使って簡単に作れます。子どもも保育者も足を止めて見ています。

保育者によるドキュメンテーションのアレンジ。子どもの作品とその様子をドキュメンテーションにして貼り出してくれています。

図2-3-1　トライアル・アンド・エラーの流れ

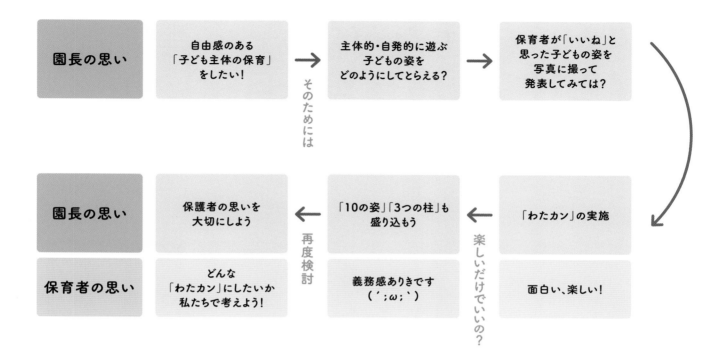

| 園長の思い | 自由感のある「子ども主体の保育」をしたい！ | →（そのためには） | 主体的・自発的に遊ぶ子どもの姿をどのようにしてとらえる？ | → | 保育者が「いいね」と思った子どもの姿を写真に撮って発表してみては？ |

| 園長の思い | 保護者の思いを大切にしよう | ←（再度検討） | 「10の姿」「3つの柱」も盛り込もう | ←（楽しいだけでいいの？） | 「わたカン」の実施 |

| 保育者の思い | どんな「わたカン」にしたいか私たちで考えよう！ | | 義務感ありきです（´；ω；｀） | | 面白い、楽しい！ |

　休止後、復活したわたカン。それが今後どのようになっていくのかは未知数です。ただ、「やりたい」と言ってくれた保育者の存在に確かなものを感じています。まだ課題もありますが、より多くの保育者の思いに寄り添ったものになっているか、また保育者の思いをずっとつないでいけるのかなど、園長として園内研修充実への模索が今後も続きます。 Ⓣ

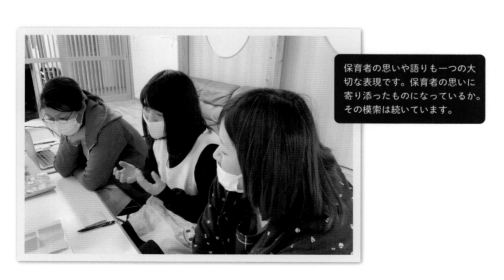

保育者の思いや語りも一つの大切な表現です。保育者の思いに寄り添ったものになっているか。その模索は続いています。

やりがいをもちながら、
長く働ける職場環境を目指して
保護者への発信方法の見直しから考える、
新たな取り組みのトライアル・アンド・エラー

幼稚園型認定こども園 宮前幼稚園（定員380名）と
幼保連携型認定こども園 宮前おひさまこども園（定員90名）が隣接しています。
職員数は両園合わせて約75名。
豊かな自然環境を生かし、子どもたちの興味・関心からはじまる保育を大切にしています。

ワーク・ライフ・バランスの向上を目指して

　本園では熱意をもって入職するも、職員が定着せず平均5年程度で退職してしまう“早期離職”の状態が続いていました。当時の状況から問題点を振り返ると、「子どもたちのために」と始まったさまざまな取り組みが積み重なった結果、業務量が増え、残業は平均2時間程度、行事前など忙しい時期になると3時間を超えることもありました。つまり、【仕事量と時間】に課題があったのです。

　毎年多くの退職者が出る状況に危機感を感じ、保育者が保育という仕事にやりがいをもちながら、長く働ける職場環境となることを目指して、ワーク・ライフ・バランス向上のための取り組みを始めました。

業務の見直しをしてみたら…

　先にも述べたとおり、業務の多くは「子どもたちのために」と始まったもので、一つひとつはとても大切な仕事でした。しかし、それが積み重なり、同じような業務も多くなり、結果として業務時間がかさみ、保育者の業務負担も増大していました。そこで、積み重なった一つひとつの業務を検討し、ICTの導入や業務分担の見直しなど、さまざまな見直しに着手しました。うまくいったものもあれば、なかなか改善に至らないものまで、それはまさしくトライアル・アンド・エラーの繰り返しです。

　その中でも、仕事量に対して効果が低かったのが保護者への発信でした。発信はとても大切ですが、時間がかかり、保育者も負担に感じていたのです。ワーク・ライフ・バランスの向上を目指した一例として、「保護者への発信」業務の改善を解説します。

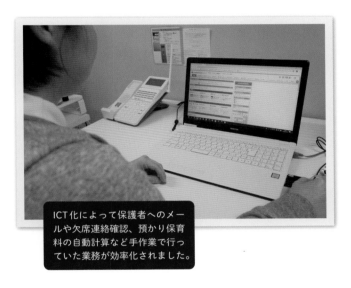

ICT化によって保護者へのメールや欠席連絡確認、預かり保育料の自動計算など手作業で行っていた業務が効率化されました。

伝わっていなかった
“保護者への発信”

　当時、保護者への発信として主だったものとして、月に1回のクラス便りと週3回のエピソード記録があり、それぞれ紙面と園のサイトへの掲載をしていました。

職員間の情報共有にもアプリを導入。シフト勤務により全職員が集まる機会が少ない幼保連携型認定こども園でも、情報共有が円滑になりました。

クラス便りでは、その月の子どもたちの様子や盛り上がっていた遊びを紹介していましたが、文字とイラストだけで作成していたため、表現の幅が限られていました。

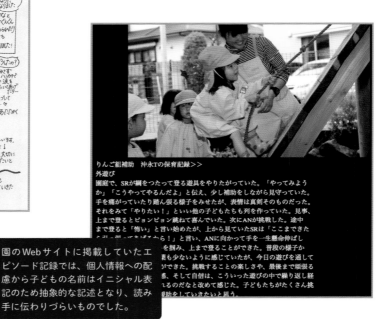

りんご組補助　沖永Tの保育記録＞＞
外遊び
園庭で、SRが綱をつたって登る遊具をやりたがっていた。「やってみようか」「こうやってやるんだよ」と伝え、少し補助をしながら見守っていた。手を痛がっていたり踏ん張る様子をみせたが、表情は真剣そのものだった。それをみて「やりたい！」といった他の子どもたちも列を作っていた。見事、上まで登るとピョンピョン跳ねて喜んでいた。次にANが挑戦した。途中まで登ると「怖い」と言い始めたが、上から見ていたSRは「ここまでできたら…■■■■■■■から！」と言い、ANに向かって手を一生懸命伸ばし■■■■■■■■■■■■を掴み、上まで登ることができた。普段の様子か■■■■■■■も少ないように感じていたが、今日の遊びを通して■■■■■■ができた。挑戦することの楽しさと、最後まで頑張る■■■■、そして自信は、こういった遊びの中で繰り返し経■■■■■■れるのだなと改めて感じた。子どもたちがたくさん挑■■■■■■助をしていきたいと思う。

園のWebサイトに掲載していたエピソード記録では、個人情報への配慮から子どもの名前はイニシャル表記のため抽象的な記述となり、読み手に伝わりづらいものでした。

　　見直しの必要性を感じたのは、保護者にとったアンケート結果です。アンケートにはクラス便りやエピソード記録があることで、「保育者の思いがわかる」といった肯定的な意見はあったものの、「内容や書き方が似ているので、保育者の個性を感じない」「字数が多く読む気がしない」といった意見が多数あり、時間を割いて取り組んでいた私たちにとって、大変ショックな結果でした。〝伝える〟ことを目的に取り組んでいたものが、読んですらもらえていなかったのです。

　　また、週3回のエピソード記録は業務負担も大きく、半数以上の保育者が提出できない状況で、さらにこれらの記録を確認する副園長や主任のリーダー層が不満を抱いていました。一方で、記録を作成する保育者は、仕事量の負担に加え、指摘されることへのプレッシャーを感じることが多くなっていました。

　　本来はエピソード記録を通して、保育者間の対話が生まれ、子ども理解を深める目的で取り組んでいたことが、保育者間の信頼関係の築きを難しくさせる要因となっていたのです。

新たな取り組みへの
挑戦と失敗

　そこでまずは、保育者間の信頼関係の再構築を考えました。その方法として、保育者間の対話も豊かにして保護者にも伝わる、写真を用いた新たな発信の形を提案しました。

　しかし、「長時間勤務の状況から、前例のない試みは保育者にとって大きな負担となる。これ以上仕事量は増やすことは難しい」と、主任などのリーダー層から猛反発を受けます。

　そのため、まずは実践を見せようと、当時クラス担任をしていた筆者が作成をはじめ、子どもや保護者の反応をたしかめることにしました。研修や書籍から学んだことを活用しながら、子どもたち一人ひとりの記録を作成してはクラスに掲示するということから始めました。

　しかし、兄弟関係で在園している保護者からは「もとのり先生（筆者）のクラスだけ、こういうのあるんですか。他の先生たちはできないんですか」といった声が聞かれ、保護者から好評だったものの、クラス担任ではあるが園長の息子という立場の私だけの特別な取り組みととらえられてしまうことが多く、園全体で足並みを揃えていくことの重要性を痛感することになりました。

園全体での取り組みを目指し、一連の遊びに焦点をあてた記録や、個人に焦点をあてた記録などさまざまなタイプの記録を作成しました。

ハード面の環境を考える

　自分一人だけで進めることの限界を感じ、改めて園全体での取り組みに向けて、環境を整備していきました。そのひとつが、これ以上業務量を増えないようにハード面の環境の検討をしたことです。

　もともとタブレット機器（iPad）はクラスに1台支給されていましたが、その良さを十分に活かすことができていませんでした。そこで、電子機器に詳しい事務職員とともに保育者が気軽に取り組める環境を目指し、画像編集が簡単に行えるアプリの導入と、新たにデジタルカメラをクラスに1台購入をしました。

主任一人ひとりの素敵なところを写真と文章で綴った記録をサプライズプレゼント。

子どもたちが記録をもらった時に感じる嬉しさを主任にも味わってもらうこと。そして、新しい記録に挑戦していきたい！という熱意を形にして伝える試み。

新たな取り組みとしてはじまったポートフォリオ。iPadで画像を配置し印刷。その後は手書きで、子どもの様子や育ちを記しています。作成時間は平均30分程度。

学期に1回実施している保護者との面談。ポートフォリオを活用し、子どもの育ちを共有しています。

最後に大切にしたのは熱意

　ハード面の環境を整え、徐々に興味を示す保育者も出てきましたが、園全体で取り組むまでに至りません。そこで、「みんなで新しい記録に挑戦していこう！」という私の熱意を伝えるために、主任一人ひとりの素敵なところをとらえた記録を作成し、プレゼントするなど試行錯誤を重ねました。

　その結果、リーダーたちの理解も得られ、新しい保護者への発信として、写真と短い文章で伝える（園内名称は「ポートフォリオ」）ことに一本化し、翌年度から取り組みを始めることができました。発信方法を一本化したことや、「ポートフォリオ」を繰り返し作成する中で慣れてきたこと、そして保育者の子どもの育ちを見つける視点が育ったこともあり、これまでより少ない時間で大きな効果を発揮できるように変わってきました。

　さらに、記録を用いて園内研修を実施することで、保育者間で協働しながら子ども理解を深めるためのツールとしても活用できるようになりました。当初課題としていた保護者への発信と、保育者間の関係性向上の両面において、良い効果を生み出すことができるようになってきました。

　しかし、1学期が終わり、2学期に入って行事など

の活動がさかんになると、次第に記録に費やせる時間が少なくなり、勤務時間内では作成しきれずに持ち帰りの仕事になることが増えてきたのです。

若手保育者の不満

　「ポートフォリオ」は週3回程度発信することになっていましたが、結局は記録に追われる日々に戻り、超過勤務となることが増えてきました。

　この状況をどうにかしようと、またいろいろと改革をしようとした矢先、若手保育者に呼び止められ「もっと私たちの話を聞いてください」と、訴えにも似た言葉をかけられました。詳しく話を聞いてみると、当時、保護者への発信方法の変更をはじめ、行事の見直しなどを行っていたこともあり、毎年のように取り組みが変わっていくことへの負担や不安、そして、そのような大きな変更が相談なく行われていくことへの不満から溢れた言葉でした。ワーク・ライフ・バランスは業務時間を短くすることだけでなく、職場への安心感や仕事への充実感も大事であることに気づかされました。

　ここまでを振り返ると、ほとんどのアイデアと決定を筆者がトップダウンで行ってきました。自分自身が問題点だと感じている事柄に対してスピード感をもって取り組みを進められた反面、特に若手保育者の思いに寄り添ったり、対話をしたりする機会が十分にとれていませんでした。ワーク・ライフ・バランスの改善に躍起になるあまり、保育者の思いが置き去りになっていたのです。

全職員約75名と園長・副園長がゆっくりと話す時間を設けました。保育者の日々のがんばりを認めたり、悩みに寄り添ったりすることを意識しています。

51

3学期のポートフォリオは、子どもたち一人ひとりのベストショットに担任からのメッセージを記入するタイプへ。その時期の業務全体のバランスを考慮しながら記録の形を柔軟に変更。

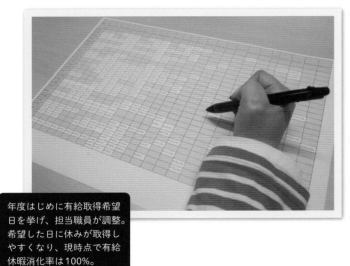

年度はじめに有給取得希望日を挙げ、担当職員が調整。希望した日に休みが取得しやすくなり、現時点で有給休暇消化率は100%。

保育者との面談

「もっと私たちの話を聞いてください」という言葉から、職員一人ひとりの思いに触れることの大切さに気づかされ、思いに触れ寄り添う場として、全職員との面談を行うことにしました。面談では傾聴・共感を心がけながら、保育者の日頃のがんばりを認めることを大切にしました。

はじめは本音で語ることが少なかった職員も、回数を重ねていくことで働きづらさ（新しい保育記録が負担・有給休暇が取得しづらい）や、人間関係での悩み（職員間での思いのズレが生じている）など、普段は伝えにくい事柄も話してくれるようになってきました。

保育者の声から具体的な改革へ

そこで、面談で挙がった声をもとに、働きやすい職場環境となるための見直しを進めていきました。まずは、新たに取り組みを始めた「ポートフォリオ」の負担が重く、持ち帰り仕事になっているという声が多数ありました。開始当初目標にしていた週3枚という目標を2週間で3枚に見直すとともに、特に保育日数が短く、学年末の行事などで忙しくなる3学期は記録の形を変えるなど、職員と話し合いながら変更していきました。

ワーク・ライフ・バランスの見直しはその他にも、「有給休暇が取得しづらい」という声が多く聴かれたため、有給取得希望調査の方法を変更するなど、改善できるものはすぐに取り組んでいきました。一方で、人間関係での悩みが生じた場合など、ケースによっては解決までに時間がかかるものであっても、悩みを抱え込むのではなく、共有し、ともに考えていくことを大切にしました。

職員との信頼関係を築いていくために

このようにワーク・ライフ・バランスの見直しを始めてから、退職者は減っていきました。ワーク・ライフ・バランスの向上を目指す上で、仕事量が適正で残

図2-4-1　宮前幼稚園・宮前おひさまこども園のトライアル・アンド・エラー

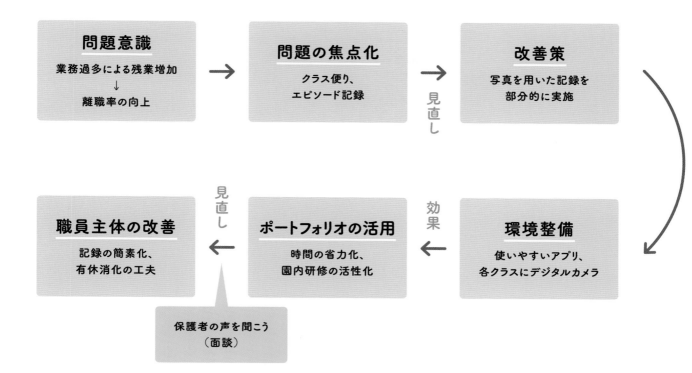

業が少ないといった、数字や目で見える労働環境が良好なことは絶対条件として
必要なことです。

　その上で、職員一人ひとりが職場に対する安心感や信頼感を抱き、やりがいを
感じながら保育をしていくためには、職員一人ひとりが大切にされ、自分の声を
上げられる環境が必要です。リーダーとして職員の声を受け止め、ともに考えて
いく姿勢を示し、お互いに信頼関係を築いていけることが最も重要ではないでし
ょうか。　　　　　　　　　　　　　　　　　　　　　　　　　　　　　　　Ⓣ

公開保育（園内研修）をきっかけに、自園の保育の見直し、改善に活かす実践

東京都足立区にある開園4年目の認可保育園。0歳から5歳まで80名が在籍しています。

公園であった公有地に保育園を開園し、

隣接する小学校跡地の公園を代替園庭として活用しています。

『人が、みんなで育つ場所』という運営理念に基づき、遊びと生活の中での学びを大切に、

日々子どもたちから遊びを学びながら深めていけるよう保育にあたっています。

保育所保育指針の改定で
試行錯誤、模索する日々

　福岡県で幼稚園を運営している学校法人が2011（平成23）年に社会福祉法人を設立し、2016（平成28）年、足立区北千住に当園ができました。その当時、どちらかというと一斉的な活動を中心とした保育をしていて、その活動の出来不出来が評価基準になっていました。

　そのなか、2018年に保育所保育指針が改定され、指針を解説した本や資料、また足立区からの配布資料を読み、自園の保育を振り返り、「今の保育のままで本当にいいのだろうか？」と疑問に感じたのです。そこで、本や資料などを職員間で共有し、職員会議や対話をしながら園の保育について語り合う時間を作りました。

　その対話の中で、保育者も一斉的に保育をすることに対して違和感を抱いていたことがわかり、「子どもの本来の育ちってなんだろう」「主体性ってどうしたら育つんだろう」と新しい保育所保育指針の示す方向性を模索しつつ、子ども主体の遊びを中心とした保育へ転換を目指すことにしました。

　しかし、1日の過ごし方や進め方などもわからず、もやもやしながらも従来のやり方で日々の保育が進んでいったのです。

開園当時の保育の様子。一斉保育への違和感を感じつつも、子ども主体の保育への転換方法がわからず、従来の保育を踏襲していました。

他園の実践から学ぼう

　もやもやしながらも子ども主体に近づくために、少しずつ保育を模索していた
ある日、保育雑誌を見ていると、私たちが目指す子ども主体の遊びを中心とした
保育を実践している園が掲載されていました。

　何度も雑誌を読み、その園の実践を理解しようとしましたが、読んだことを間
接的に説明しただけでは保育者全体には伝わりません。そこで、その園に連絡を
取り、実際の保育と環境を見せてもらうことにしました。見学することで保育者
は保育を体験的に学ぶことができるだろうし、環境をまねすることから始めるこ
とで、何か新たに気がつくのではないかと考えたのです。

雑誌や他園の実践を参考に、
まずは環境構成を変えてみ
ました。写真は、乳児の保
育室に設けた遊ぶコーナー。

　その園には園長と3名の保育者で
見学しました。見学では保育室内の
環境や遊具などに注目し、質問し、
写真もとらせていただきました。

　そして、園に戻って、その写真を
見ながら、保育者同士で対話を繰り
返し、まずは乳児の保育室に遊ぶコ
ーナーを作り、そこに興味があるお
もちゃを置きました。

　保育環境を少し変えただけで、子
ども達がおもちゃを手に取り、夢中
で遊ぶ姿が見られるようになりまし
た。すると、今まで保育者が悩んで
いた噛みつきも減り、保育室全体が
落ち着いてきたのです。このような
子どもたちの様子の変化に気づいた保育者は子どもの遊びの大切さを実感し、そ
して手応えを感じていたようです。

　しかし、しばらく経つと子ども達はその環境に次第に飽きてきて、室内で走り
回ったり、再び噛みつきが増えてきてしまったのです。

まねるだけじゃダメなのかな？

　コーナーを区切るなどのレイアウトの工夫や、おもちゃの置き方などを真似し
てやってみましたが、最初はよくても、子どもたちは次第に飽きて落ち着かなく
なり、保育者にも余裕がなくなってきました。

　そこでまた、保育者や園長、主任と子どもの姿を見ながら対話を繰り返します。
そのなかで、子どもは日々成長するからこそ、興味・関心も変わる、それに応じ
て環境も変化させていくことが大切じゃないか、つまり、環境は一回つくればそ

れで終わりではないということに気がつきました。

　そこで、子どもの姿を見ながら、「この方が遊びやすいんじゃない？」「この棚を動かした方が落ち着くよね？」と保育者間で対話しながら環境を再構成していくことにしたのです。

　以前であれば、ここでまた、もとの保育に戻していたかもしれません。しかし、見学し、園の中で繰り返し対話をしたことで、保育者が子どもの育ちを信じるようになり、さらに子どもの主体性を考え、環境の工夫をしようとするようになったのです。

　そして、より良い環境のあり方を試行錯誤しながら、再構成を繰り返すことで子どもたちが落ち着き、いきいきとした笑顔や表情が多くみられるようになりました。

それでも自信にまではならなかった

　しかし、園長として保育者がまだ「これでいいのか？」と悩みながら保育をしていることが気になっていました。

　保育者も子どもと同じく試行錯誤を繰り返しながら成長するので、悩むこと自体が悪いわけではありません。しかし、保育者自身の自己評価が低く、自信をもてないまま保育をすすめるのが、いいわけがありません。

　そんなとき、足立区から「公開保育」の案内が届きました。足立区の「公開保育」は公私立関係なく区内の保育園を見学できることと、自園を他園の先生たちにみてもらうことができる取り組みになっていました。

　また、それだけでなく外部講師を招いた園内研修も「公開保育」の一環として位置づけられていました。

　自園の保育を他者に見てもらうことで、自分たちの保育を客観視でき、外部からの評価を得ることで保育者の自信につながるのではないかと考え、職員間で話し合い、足立区の「公開保育」に申し込みをしたのです。

足立区から届いた「公開保育」の案内状。自園の保育を他者に見てもらうことで、保育者に自信につなげることができればと思い、申し込みました。

区の取り組みとしての「公開保育」

　足立区の「公開保育」は、公私立関係なく他園の公開保育に参加することと自園を公開保育することの両方が可能ですが、ここでは、自園の公開保育について紹介します。

　自園を公開保育する場合、足立区の制度では2回の公開保育と研修がセットとなっています。また、先に述べたとおり、研修は外部講師を依頼することも可能

57

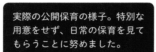
実際の公開保育の様子。特別な用意をせず、日常の保育を見てもらうことに努めました。

です。つまり1回目の公開保育で学んだことをその後の保育の中で実践し、そして2回目の公開保育に参加する他園の先生方や外部講師にそのプロセスを評価してもらうことができるのです。

しかし、外部講師のつてがありません。そこで、法人理事長に相談したところ、実践経験もある保育者養成校の先生を紹介してもらうことができ、「公開保育」前に打ち合わせを兼ねて園に来てもらうことにしました。

このときに実際に園を見てもらい、また、公開保育を通して保育者の自信につなげてほしいという園長の思いを伝え、2回の公開保育の取り組みに参画してもらうことができました。

公開保育に向けて、あえて特別なことをすることはしませんでした。あくまで普段の保育を見てもらおうと思ったのです。普段の保育のなかでの工夫などを外部の人に評価してもらうことこそが保育者の自信につながると考えたのです。

そして、12月中旬、1月下旬にそれぞれ公開保育を実施しました。それぞれ、午前中に園の保育を見てもらい、午後にそれをふまえた研修会をするという計画です。

公開保育を通して自信になったこと、学んだこと

アンケートには「園の雰囲気があたたかい」「子ども達が造って遊んでいる姿や廊下の工夫された掲示など見て楽しい気持ちになりました」など、他園の先生方が園の保育を肯定的に受け止めてくれました。そして、それが保育者の自信につながったようです。また、講師の先生が午前中の公開保育の子どもたちの姿や環境の写真を用いて解説する形で研修し、園での保育環境や職員の子どもに対する声かけ、子ども達の遊んでいる姿などを具体的に評価してくれたことも自信につながりました。

また、自園の保育者が公開保育、研修を通して「遊び込める環境ややりたいという気持ちを大切にしたい。遊びの続きを行える環境を提供してあげたい」と受講後のレポートに書いていたので、それが実現できるように、保育の見直しをしてみることにしました。

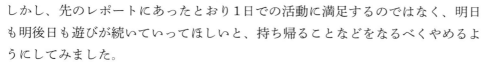

遊びが続く環境を目指して

今まで遊びでつくったものは、それぞれ持ち帰ったり、また子どもたちと話をして処分をしていました。しかし、先のレポートにあったとおり1日での活動に満足するのではなく、明日も明後日も遊びが続いていってほしいと、持ち帰ることなどをなるべくやめるようにしてみました。

しかし、持ち帰らないとなると保育室は子どもたちの作ったものであふれます。また、午睡のスペースの確保も難しくなります。また公開保育の時に外部講師の先生が紹介していた事例を取り入れる（片づけやすいように作るようにするなど）ことと同時に、子どもたちとその都度どうするか考えることを大切にしました。

例えば、年中組の子どもがサンドイッチやおにぎり、お弁当やジュースなどたくさんの食べ物を作りました。以前であれば、家に持ち帰らせたかもしれません。しかし、この食べ物でもっと充実した遊びに発展するかもしれないと考え、作ったものをロッカーの棚の上に並べてみたのです。すると「作ったものは冷蔵庫に入れなくては!?」とある子どもがつぶやき、それをもとに大きな段ボールで冷蔵

制作の様子。遊び込むためにも、遊びを継続できる環境づくりを心がけています。

遊びの継続自体が目的なのか、子どもは主体的にかかわっているか…試行錯誤は続きます。

庫をつくることになったのです。

しばらく遊びが続いたけれど…

冷蔵庫ができ、そのあとキッチンも作るなどさまざまな遊びに広がってきましたが、徐々にこれらで遊ぶことが少なってきました。

ここで保育者は、このまま処分するべきかと悩みました。そして、何人かの保育者に相談し、作った食べ物や冷蔵庫をどうするか子ども達と話し合うことにしたのです。

クラス全員が集まって、改めてこの遊びを振り返ったところ、遊んでたときの楽しかったことを思い出し、「これをつかって食べ物屋さんごっこしたい」という意見が出ました。また、レジやお店のチラシをつくろうといったたくさんのアイデアも出てきました。そして、「食べ放題屋さん」とし、保育園の子どもや先生を招待しようということになったのです。

遊びを通して

この遊びは、その後、年少や年長クラスも参加するなど、多様な広がりを見せました。それは、主体的に遊ぶことで子どもたちがたくさんのことを学ぶことを改めて実感できた場面でもあり、保育者として自信を感じる瞬間でもありました。

しかし、そのなかで、遊びがずっと継続することが目的なのか、保育者が引っ張りすぎてしまったのではないか、子どもが受け身であった部分もあったのでは？ とさまざまな疑問が出てきました。

園の保育が変わり、公開保育などをし、それを踏まえて実践をすることが遊びの大切さの体感的な理解となり、少しずつ自信をもてるようになってきたことで、このような疑問も前向きに検討できるようになったのだと思います。

図2-5-1 北千住もみじの森保育園のトライアル・アンド・エラー

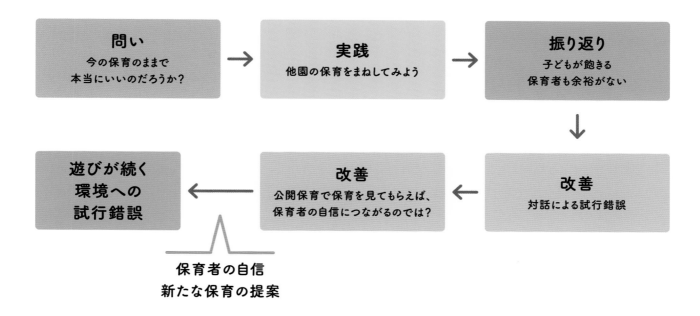

問い
今の保育のままで
本当にいいのだろうか？

→

実践
他園の保育をまねしてみよう

→

振り返り
子どもが飽きる
保育者も余裕がない

↓

**遊びが続く
環境への
試行錯誤**

←

改善
公開保育で保育を見てもらえば、
保育者の自信につながるのでは？

←

改善
対話による試行錯誤

保育者の自信
新たな保育の提案

　疑問をもたない保育はありません。また、わかっていても実践できないことも多いです。しかし、大切なのは、そういったことに対して園内で、また時に外部の人と対話をしながら考え、実践をし、試行錯誤しながら、自分たちなりに少しずつ変えていくことなのではないでしょうか。

　今後も、日常の保育の中で子どもたちが創意工夫しながら遊びがさらに充実したものにできるかかわりと環境をさらに検討をしていきたいです。

先生たちが毎月担任
同士で話し合い振り
返っている様子。

公開保育後、子どもたち
が遊び込めるためコー
ナー保育が増えました。

トライアル・アンド・エラーは、組織マネジメントのプロセスそのもの

井上眞理子

「トライアル・アンド・エラー（試行錯誤）」は、マネジメントのプロセスそのものです。19頁の図1-8で示したプロセスを考えることが管理職の役割でもあり、内包される「トライアル・アンド・エラー」に向き合うことがリーダーの責務でもあります。

このプロセスの出発点は、「課題」の発見です。組織が安定していると感じる中にも、「課題」は潜んでいます。【北千住もみじの森保育園】の公開保育の実践では、保育を公開するという「外に開く」ことから、刺激やきっかけを得て、「課題」に気づくことに成功しました。行政などが実施する公開保育などを積極的に活用することも検討してみましょう。

次は、気づいた「課題」をどのように改善していくのか、具体的な「手立ての検討」に入ります。「何のために」取り組むのか、目的を明確にすること。最終的に「どうなりたいか」というビジョンを確認し、プロセスを描くことが肝要です。【わかば保育園】では、保育理念を活用しながら、ミドルリーダーを育成することを通して、組織になり切れなかった園の体制を作っていくことにチャレンジしました。

プロセスがスムーズに進むのは、本当に稀なケースです。多くの場合、予想外の展開、摩擦、衝突、閉塞感が生じます。この"うまくいかなさ"を受け止め、次の一手を検討することがマネジメントでもあります。管理職にとって最も苦しい局面ですが、この"うまくいかなさ"の原因を分析し、「プロセスを再構成すること」こそが、マネジメントの本質なのです。この経験が、管理職の成長をもたらします。【羽茂こども園】では、職員にとって「よかれ」と思っていたことが、職員とのかかわりを通して「思い込み」だったことに気づく様子が描かれています。あらたな育成のあり方をとらえなおすという「プロセスの再構成」が、管理職に気づきと成長をもたらします。

さらに、このプロセスを誰が進めていくのか。トライアル・アンド・エラーの主体にも気を配る必要があります。「トップダウン」で進めるのか、「現場発信」でいくのかです。いずれの方法であっても、ポイントは、"現場が置き去りにならない"こと。トップダウンで進める「管理職主導」が悪いわけではありません。多くの場合、「課題」の発見や「プロセスの構成」を行うのは管理職です。しかし、すべて管理職の掌の中で進めてしまうと、職員は、上から押し付けられた、勝手に変えられたという感覚を抱き、当事者意識を喪失します。最悪の場合、被害者意識も生み、管理職や組織に不信感を抱くことになるケースもあります。どこかの局面から、「現場」が変革の主体としてプロセスに参画する必要があります。

【宮前幼稚園・宮前おひさまこども園】では、トップダウンで改革してきた方法から徐々に保育者の声を反映させ、一人ひとりの職員が発言できる職場環境に変容したことが、働きやすい職場づくりにつながっています。【ふたばこども園】では、いったん休止した"わたカン"を、職員自らが「やりたい」と再び取り組み始めました。保育者が自分たちの取り組みを評価し、写真の意味や保育を語るあり方を主体的に模索しているのです。

マネジメントは、リアルな世界で起きるさまざまな出来事や要素、さらにそれらが相互に影響を及ぼし合いながら立ち現れる事象に向き合う営みです。一つの手立てが結果に直結したり、プロセスが想定通りに進むほど、リアルな世界は単純ではありません。ここに「トライアル・アンド・エラー」を繰り返す必要性があります。

トライアル・アンド・エラーからの学び❷

第3章では「保育実践」に焦点を当て、
子どもとのかかわりのなかで試行錯誤を繰り返し、
保育の質の向上につなげる実践を紹介します。

3

子どもの興味に 寄り添った環境をデザインする

RISSHO KID'S きらりは、神奈川県相模原市にある保育園です。
近隣にはショッピングモールがあり、テナント型の都市型保育です。
都市機能の魅力と可能性を最大限活用し、
地域を巻き込んだ保育を実現しています。
保育理念は「一人の夢がみんなの夢になる」で、自らの夢の実現を通じて、
生きることをとことん楽しめる子どもを育てています。
子どもが「遊びや生活を通じて主体的に学ぶ姿」を大切にし、
子どもの「つぶやき※（言葉・表情・しぐさ・目線など）」から
出発する保育を目指しています。

※つぶやきとは、子どもが、さまざまな環境との出会いやふれ合いの中で、特に誰かに伝えるわけではなく、「心で感じたこと」を言葉や表情・しぐさなどを通じて素直に表出する姿を指します。時には、そばにいて共感してもらいたい相手だけに伝える場面もみられます。「意図的に誰かに向かって思いや考え・情報を発信する」姿とは異なる言葉として使用しています。

子どもの興味・関心から始まる環境構成とは

　私たちは環境を構成する前に、子どもの実態、つまり子どもの興味・関心を知り、探っていくことを大切にしています。そのため、「保育デザインマップ」（図3-1-1）を作成することで保育を可視化、俯瞰し、園長や保育者などさまざまな立場の人と対話をしながら、子どもたちの興味・関心、思いをより理解した上で、環境構成を考えています。

図3-1-1　保育デザインマップの一例

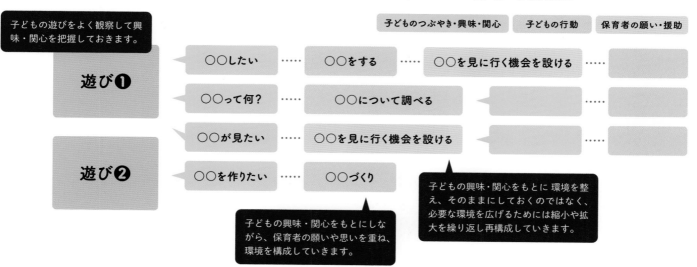

＊つぶやきの括弧内には子どもの名前を記入する。

図3-1-2　子どもの興味・関心をもとにした環境構成をする上での俯瞰・可視化図

| 子どものつぶやき・興味・関心 | 子どもの行動 | 保育者の願い・援助 |

子どもの遊びをよく観察して興味・関心を把握しておきます。

遊び❶
- ○○したい …… ○○をする → ○○を見に行く機会を設ける ……
- ○○って何？ …… ○○について調べる

遊び❷
- ○○が見たい …… ○○を見に行く機会を設ける
- ○○を作りたい …… ○○づくり

子どもの興味・関心をもとにしながら、保育者の願いや思いを重ね、環境を構成していきます。

子どもの興味・関心をもとに環境を整え、そのままにしておくのではなく、必要な環境を広げるためには縮小や拡大を繰り返し再構成していきます。

65

図3-1-3 保育者と子どもの相互性における環境構成のイメージ

子ども

- 主体性
- 応答性
- 自発性
- 発達が著しい時期
- 環境からの影響を大きく受ける

← 相互に関連しあう →

保育者

どのような
保育をしてほしいか
↓
保育者の願い・意図
（教育的価値）
↓
環境構成
↓
環境
道具・用具・自然環境・
色・音・人（保育者・子ども）・
状況等

また、子どもの興味・関心を大切にしつつ、保育者の願いや思いも大切にしています。ただ、子どもの興味・関心から始まることを意識するあまり、保育者が何も考えず、主体性の名の下に、放置ともとれる状態に陥るのでは問題です。

一方で、保育者の思いが強くなりすぎて、計画や思いが保育者主導になっていくのも困ります。ですから、あわせて図3-1-3のように子どもの興味・関心と保育者の思いや援助を相互に関連させながら構成していくことを目指しています。

しかし、毎日がそううまくいくわけではありません。子どもと保育者の思いにズレが生じたり、環境構成に子どもがまったく興味・関心を示さないこともあります。もちろん、これらが悪いわけではなく、こういったエラーともみえる状況を改めて考え、環境を再構成していく過程が大事なのでしょう。これらのことを、当園での遊びの事例を通して考えていきます。

事例❶
「虫除けリングづくりから始まった香りへの興味」
（5歳児クラス）

春から虫に対する興味が強く、夏になるとさらに昆虫採集が盛り上がる中で、「蚊に刺されるのが嫌だ」という声が聞かれるようになりました。すると、ある子どもから「虫除けリングをたくさん付けていけばいいよ」という提案があり、そこから「虫除けリングを作りたい！」と、虫除けリングづくりが始まりました。最初に子どもたちが考えた方法は、毛糸のブレスレットに虫除けスプレーを吹きかけて作るものでした。

虫除けリングづくりが継続して行える環境（いつでも手に取れるようにしています）。

子どもたちが虫除けリングを作りたいと思った時にすぐに取り組めます。

このとき保育者は、子どもたちが作ったものに共感しつつも「これでいいのか？」「もっといろいろと試行錯誤してほしい！」という思いをもっていました。また、時期が秋に近づいて蚊が減ってきたことも、保育者には不安材料の一つになっていたのです。

子どもの興味・関心が変わっていく保育者の不安

後日、子どもたちの中で作った虫除けリングが臭くなり、そのことに子どもたちが気づいて「どうして？」と困っていました。また、「良い香りの虫除けリングにしたい」という声も聞かれました。そこで保育者は、子どもたちの困り感を自分たちで考えられるように環境構成を工夫し、アロマオイルを置いてみました。

しかし、アロマオイルの量が多すぎたのか、子どもたちの興味は虫除けリングからアロマオイルの香りに移ります。保育者は環境構成をしすぎて保育者の意図が強くなりすぎたのでは、と不安に感じます。

虫除けリングを作る中で、試行錯誤するような実験的な遊びを追究して楽しんでほしいと思っていましたが、子どもたちがアロマオイルで香りをつくることをメインで楽しむようになったとき、保育者の環境構成で子どもたちの興味の方向を変えてもいいのかと悩んでいたのです。

虫除けリングが虫除けスプレーでは「臭くなる」からどうやって良い香りにしようという新たな興味が生まれます。香りを楽しむ様子が見られます。

アロマオイルを用意すると香りに興味をもち、香りへの興味に変化し、数種類のアロマを混ぜ合わせて新らしい香りを作る姿へと続きます。

保育者との対話の中で ── 保育デザインマップを通して

新しい素材の提供など保育室の環境構成は、担任や遊びの担当職員に任せています。それは、子どもたちが興味をもったときにタイムリーに環境構成ができるからです。しかし、任せているからこそ、今回のように担任は葛藤することがあります。そこで、保育デザインマップを見ながら、園長、保育者などさまざまな立場から、あらためて子どもの思い、保育者の願いを相談しました。

そのなかで、「本当にやりたいことや遊びが虫除けリングの開発であれば、アロ

アロマオイルを種類別にケースに入れておきます（香りの調合がしやすくなります）。

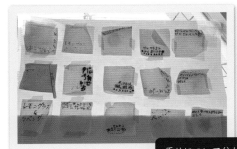

香りについて分かったことを子どもたちが書き、掲示しておきます（遊びを振り返るきっかけになります）。

アロマの遊びが盛り上がり室内だけでは空間が足りなくなったため、玄関スペースを活用します。

マオイルを環境に出しても、虫除けリングづくりは継続されていく」「虫除けリングを作らなくなったとするならば、もうその遊びは子どもたちの中での旬（興味・関心）が終わっているのかもしれない」「楽しんでいた遊びから、形を変えて、新たな遊びが生まれていくことは多い」ことにあらためて気づき、担任はさらに環境を再構成していきます。

しかし、遊びが盛り上がっていくと、限りあるスペースに何をどのように配置していくのか、また悩むことになります。

限りあるスペースをどう活用する？

子どもたちの遊びは虫除けリングから、香りそのものを楽しむ子や蚊の苦手な

匂いを調べる子ども、そこから蚊を集めようとする子どもなど、多様な遊びへと発展していきます。こうなると、保育室内はいろいろな道具やものであふれ、遊びにくくなってきました。

そこで、種類ごとにケースに入れるなど物を整理しやすくしたり、作ったものやわかったことなどを掲示できるようにしました。すると、遊びやすくなり、また遊びが可視化され振り返るきっかけにもなったのです。

それだけでなく、玄関に置いてあるテーブル等を利用したり、ランチルームやホールなども使うようにしました。園内全体を使うことで、遊びが広がるようになったのです。

すべての遊びが盛り上がるわけではない

ここまで順調に遊びが広がっていったように見えますが、例えば、「香り玉作り」はやってみたもののすぐにやらなくなりました。良い香りを求めて本物のお店に行きましたが、子どもたちは関心を示さないこともありました。こういったときは無理に続けるのではなく、止める判断をし、他の子どもたちが興味・関心をもつものに注力してみました。

このようにすべての遊びが盛り上がるわけではなく、環境構成したものの子どもの興味・関心から逸れていたり、作ってみたもののそこから先は発展せずに終わったりすることも多くありました。

しかし、これらをエラーとしてとらえるのではなく、さらに子どもたちの興味や関心を探り、環境を再構成するヒントにしているのです。

片づけた後に「やっぱり…あれがいいよね」と子どもの興味が戻ってくることもあるので、難しいこともありますが、そういったことも含み、環境の再構成を考えていくことは、子どもと保育者双方の学びになると思います。

図3-1-4 環境構成の変化

このテーブルでアロマの調合は行えず、この時期から玄関のテーブルを活用しました。

図3-1-5　遊びの連動を流れから見てみる

遊びが連動している部分

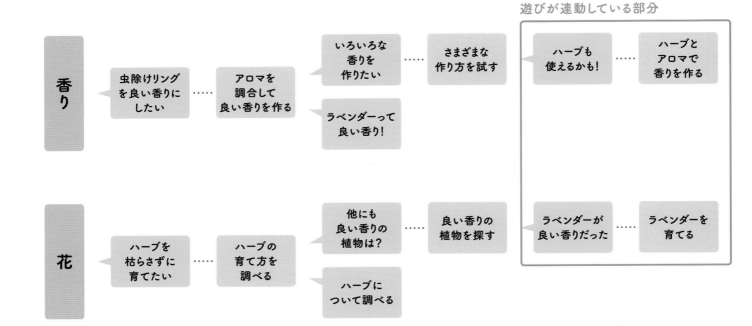

香り
虫除けリング を良い香りに したい …… アロマを 調合して 良い香りを作る

いろいろな 香りを 作りたい …… さまざまな 作り方を試す

ラベンダーって 良い香り!

ハーブも 使えるかも! …… ハーブと アロマで 香りを作る

花
ハーブを 枯らさずに 育てたい …… ハーブの 育て方を 調べる

他にも 良い香りの 植物は? …… 良い香りの 植物を探す

ハーブに ついて調べる

ラベンダーが 良い香りだった …… ラベンダーを 育てる

育てていたハーブをす り潰してアロマオイル の調合に使います。

アロマオイル（保育者が用意したも の）から、自分たちでも使えるもの がないかを考え、育てていたハーブ に気づきます。環境に自由にアクセ スできることで、いろいろなものを 使ってみようとします。

遊びが連動する環境構成

　この遊びが展開されていた頃、同時並行で別の遊びをしている子どもたちもいました。この時期は、年長児の室内では、事例の遊びとは別に「花」「警察」のコーナーが環境構成され、子どもたちが遊んでいました。

　「虫除け」と「花」は別の興味から始まった遊びでしたが、どちらの遊びも「香り」という共通の興味があったため、2つの遊び環境をあえて近くに設置してみました。互いの遊び環境が自然と視線の先に入ることで、新たな視点や発想につながることがあり、そこから別の遊びが生まれていくことを期待したのです。

　すると、図3-1-5のように遊びが連動している部分が見られてきました。連動することが目的ではありませんが、つながることで遊びがさらに豊かになっていったようでした。

　図3-1-5のように、別々の遊びから共通のイメージにたどり着く場合もありますが、そもそも子どもの興味・関心から、保育者の願いとして遊びが連動していくことを予測することもあります。連動することが予測される遊びを願うことや、子どもたち同士で気づいていくことの両面の可能性を考えていくことです。つなげるためにではなく、つながる可能性を大事にして環境を構成することが大切になります。

まとめ

　環境構成や環境をデザインする際、子どもの興味・関心をもとに環境の俯瞰や可視化を行い（きらりの場合は「保育デザインマップ」）、保育者同士で意見を出しあいながら、常に構成と再構成を繰り返し、子どもも一緒に環境を作っていくことを大切にしています。

　また、環境は一度作って完成ではなく、子どもの興味の移り変わりとともに変動していくものです。だからこそ、環境を変化させるときには、保育者が子どものいない時間に行うのではなく、活動の時間の中で子どもと一緒に行うか、子どもたちに事前に変更することを伝えてから変えるようにしています。

　今回の事例のように、保育者はさまざまな思いや悩みをもちます。だからこそ、環境構成は一度出したらそれでおしまいではなく、悩みながらも、子どもたちの興味・関心を探り、子どもたちとともに再構成していくことを大切にしたいです。この構成と再構成の試行錯誤から、保育者もたくさんのことを学ぶのではないでしょうか。　　　　　　　　　　　　　　　　　　　　　　　　　　　　　　⑤

民営化1年目

大きな変化の中で子ども一人ひとりの安心感をチームで協力して築いていく

2020（令和2）年4月、新しい園舎に引っ越し、保育が始まりました。
子どもたちにとって、これはとても大きな変化でした。
新しい園舎、園庭、慣れた保育者がいないこと、生活の流れも違う。
一人ひとりが安心して過ごすためにはどうしたらよいのだろうと、
試行錯誤しながら過ごした開園1年目でした。

まずは安心感

　開園にあたり、私たちは、何よりもまず、子どもが「安心して過ごせる」ことを最優先の目標としました。

　保育所保育指針の「乳児保育に関わるねらい及び内容」として「健やかに伸び伸びと育つ」「身近な人と気持ちが通じ合う」「身近なものと関わり感性が育つ」があります。これは、信頼できる人とのかかわりを通して育まれる安心感が、その後の育ちにつながる大切なものだと考えました。

　0歳児に限らず、新しい保育園1年目の全園児の目標は、まずここから始まります。安心感の基盤ができれば、子どもは自ずと世界を広げ、遊びに気持ちが向かうはずと園をスタートさせました。そして、新しい環境に置かれた子どもたち一人ひとりに安心感が育まれるよう、園の運営を行っていきたいと考えていました。

　では、一人ひとりの安心感がどうすれば醸成されるのか。子どもたちを集団としてとらえるだけではなく、一人ひとりの個別の計画を立てることが重要といわれます。計画を立てるまではなんとかなりますが、一人の担任保育者ができる実践には限界があります。

　そこで重要になるのが、チームとして協力体制を築くこと。個々の個別計画をどのように実践するか、ねらいや価値を共有することで実践できることに幅が生まれるだろうと、実践を繰り返しました。

　今回は、1歳児クラスの落ち着かない、気になる子どもの姿から、チームとして学んだ個別対応の実践を紹介します。

開園間もない頃、保育室のそばで探索遊びをする姿が多くありました。同じ目線で遊ぶ保育者に、少しずつ心が開いていきます。

何だか落ち着かない

　新しい保育園での生活に興味津々の1歳児・Rくん。はじめこそ戸惑っている様子もないように見えましたが、徐々に、クラスの中だと何だか落ち着かないという報告が頻繁に上がるようになりました。

　扉が開くたびに廊下に身体が向かい、部屋の外に出たがる。夕方になると、お迎えのたびに扉が開くので、どうにも遊びに集中できません。外に出ようとするたびに、保育者に遮られるのも気に入らない様子です。

　そのうちに、他の子どもの遊んでいるもの、目がつくものに端から手を出すようになり、かみつきやひっかきも出始めまし

さみしい、悲しい、怒っている…さまざまに揺れる子どもの心。抱っこをしたり、ピタッとくっついたり、「気持ちいい風だね」と感覚を共有したり、一緒にいることで、気持ちが立ち戻っていきます。

た。Rくんの一連の行動ばかりが目立ち、保育者も目を離せなくなってしまいました。

かみつきは、問題行動?

かみつきを防ぐため「保育者が必ず手の届く範囲で側につく」。かみつきに至るようなやりとりを減らすため「なるべく集団から離れたところで過ごす」。目を離した隙をついて抜け出す、かみつくから「絶対に目を離さない」。

担任としては、これ以上かみつかせたくない、という気持ちが強く、はじめはとにかく「事前に止める」という対応に集中していました。

しかし、むしろ事態は悪化していきます。行動を問題視され、制止や監視の対象で見られていることに感づいたRくんは、何をすれば保育者が自分のそばに来るかわかったようで、むしろかみつきを助長させ、毎日のようにRくんの話題が報告に上がるようになりました。安心感よりも、緊張感のほうが高かった時期だと振り返ります。

このままではいけないと、みんなで振り返りの機会をもちました。当時は7月。緊急事態宣言明けで、園の運営が本格化して間もないころでした。保育者の気持ちがさまざまな変化や対応で揺れていたため、余裕のある応答的なかかわりができなかったという反省もありました。

Rくんの一連の行動は、こうした周囲の動揺も影響して、保育者自身の動揺を増幅させて現れたサインとしてとらえられるのではないか。そうみると、問題行動ととらえていたものに突破口が見えてきました。

保育者が余裕をもつこと。Rくんとの応答的なやりとりを十分にすること。これによってRくんが「安心感」をもって過ごせるようになれば状況が改善すると考え、個別の計画を立てることになりました。

もっと、Rくんとゆっくり遊びたい、思うとおりに行動させてあげたい。制止ばかりしてきたからこそ、担任の願いは切実でした。まずは、Rくんが、クラスから離れたくなるタイミングで、担任がとことん付き合うことから始めました。

保育者の価値観がズレる…

しかし、そこで課題になったことが、「Rくんが外に出ていくことが普通になってしまったら、1歳児の保育室でみんなと一緒に過ごすことに慣れることができないのではないか」という、担任同士の価値観のズレでした。また、職員体制はどうするのか、残された側の気持ちに立てば、保育者が一人いなくなってしまうのですから、そう思うのも無理はありません。チームの中で協力できなければ、

こうした実践はうまくいきません。

　価値観のズレを取り払ったのは、職員全体の話し合いの中で出た「常に『クラスみんな』でなくたっていいよね」という意見でした。最近入ってきた新入園児が同じようにクラスの中にいられないという悩みをもつ4歳児クラスの担任からの「悩むけれど、隣のクラスだと落ち着いて遊べる。保育園に入ったばかりだし、慣れるまではいろいろと居場所があってもいいと思う」という話が後押しになりました。

　職員体制の問題は、朝と夕方、特にクラスの人数が増減するRくんが落ち着かない時間帯に、必要な応援体制を集中させることで解決しました。

保育者から離れて探索し、いろいろな面白さを発見していく子どもたち。「何を感じているのかな」と見ていると、目が合った時に共感できることが増えますね。

図3-2-1　Rくんへのアプローチの変遷

安心感へのアプローチ	環境とのかかわり	身近な人とのかかわり
Rくんの落ち着かない姿	「外に飛び出す」	「ひっかき、かみつき」
問題行動として見ていると	止めるたびに、物や人に当たる。いつも監視している・されている。お互いにあるのは緊張感	
どんなサインとして見るか	●好奇心が強い ●保育所への興味と見知らぬ不安	●注意を引きつけたい ●気が散ってしまう
安心感を作るための個別の計画	担当の保育者が一人つき、Rくんの好奇心の向くまま探索に付き合い、一緒に遊ぶ時間を作る	
やってみてできた課題、実践の難しさ	「みんな一緒」の価値観との対立	●職員体制をとることの難しさ ●担当は誰でもいいわけじゃない
一人じゃなく、チームで取り組む	どこにいても「いいよ」と受け入れられる協力体制	●時間を限定して応援体制を組む ●子どもに選ばれる個別のかかわりの質
Rくんの変化	お気に入りの場所、遊びができた	遊びに集中したり、やりとりを楽しめるようになった

自分のあるがままを「受け入れられた」ことで、安心を感じられるようになった

こうして、担任間のチームだけでなく、園全体の協力のもと、個別の実践ができるようになりました。「常にみんなの時間」から少しはみ出たRくんは、のびのびと園全体を担任と楽しそうに遊ぶようになりました。

　Rくんは、他クラスの保育室に事務所、保健室、階段、図書コーナー、と実に活発に探索しながら、付き添ってくれる担任、他の保育者とのやりとりを嬉しそうにしていました。ひとしきり探索を楽しむと、その後はしっかりと落ち着いてクラスで過ごすことができました。クラスの外に出ることを認めるだけでこれだけ変化があるのかと、価値観のズレがあった保育者が驚いたほどです。この発見で、担任間の理解と協力関係がさらに強化されていきました。

　個別的な実践で気をつけなければいけないのは、応答的なやりとりができていないと、意味がないことです。

　「かみつくから外に出す」などという、ある種、罰のような気持ちが少しでもあれば、子どもには確実に伝わってしまいます。応答的にかかわることができない保育者が、Rくんを担当しようとしたときに、クラスの外に出ることを全力で嫌がっていたというエピソードもあえてお話ししておきます。子どもが嫌がっていたら、保育者の都合で出入りしてはいけないのです。

園全体で作る安心感

　ひと月ほど経ち振り返ってみると、変化がいろいろとありました。担任から離れて、いろいろな場面で、お気に入りの場所や、親しみのもてる保育者ができたのです。担任は、少しの間Rくんのことを任せて、クラスに戻ることができました。

　Rくんの中でクラスの外に見つけたお気に入りの場所が事務所でした。主任や園長のひざに座り、絵本を読んだり、パソコンを少し触ったり、事務所にあった木製のおもちゃなどで遊ぶのです。時間としては1回15分程度の短い時間ですが、Rくんを制止するのではなく、優しく語りかけて好きなものを一緒に探してくれる、ちょっと特別な時間だと感じられたのでしょう。

　そうした視線がよほど心地よかったのか、登園時、玄関で靴を脱ぐと、事務所に一直線で走り込み、そのまま受け入れをするということもたびたびありました。

　実は、保護者もRくんがかみついていることを聞き、心配している様子がありました。登園を渡るRくんのことも心配で、担任にも主任、園長にも相談がありました。はじめはお母さんも「クラスに連れて行かなくていいですか」と申し訳なさそうにしていましたが、園長が「大丈夫、保育園全体がRくんの居場所ですよ。あとでクラスに一緒に行きますから」と伝えたところ、安堵の表情をしていました。思い返すと、Rくんはその表情で別れるお母さんの様子にも、安心感を強めていたかもしれません。

　このように、園全体で子どもを受け入れていく、安心感を作ろうという姿勢は、

子どもだけでなく、保護者にも大きな影響があると思います。

　担任は、誰かに任せる場合、大体15分おきにRくんの様子を見に来たり、声をかけに来るようにしていました。大抵は一回で担任のもとへ帰っていきます。やはり身近な保育者との関係が特別なのです。そうして担任とのほっとできる関係、担任ではないけれど、優しく見守ってくれる職員とのかかわりを通して、Rくんの中で徐々に園全体に対する安心感が芽生えたのでしょう。いつしか、問題行動と思っていた行為は消えていました。

　担任も、他クラスでじっくり遊ぶ様子からヒントを得て、クラスの中にままごとコーナーを拡充するなど工夫をしていました。こうした工夫も功を奏し、Rくんはクラスの中で落ち着いて遊べるようになり、子ども同士のほほえましいやりとりもたくさん見られるようになりました。

用意していた紙よりも、窓に描くほうが面白そうと気づいた子どもたち。止めさせたり、呼び戻すのではなく、「そっちのほうが面白いよね！」ととらえてしまえば、子どもはどんどん大胆に、夢中になって遊びます。

一人の前例があることで

　「Kくんがなかなか遊びを見つけられない。」と、1歳児クラスの担任から報告が上がったのが、Rくんが落ち着いた直後でした。Kくんは、入園当初から周囲の様子をうかがっては、他の子どもがワイワイと集まる場所からあえて遠ざかっていくような姿を見せていました。時間が経てば変わると思いながら、2か月経っても、落ち着くどころかむしろ警戒心が強くなっているようにも見えました。

　担任は、どちらかというとおとなしいKくんを、これまでどうしたものかと悩んでいたものの、クラス全体の流れを作るのに必死で、個別のかかわりが十分に

保育者のそばで見守られ、何があっても大丈夫と積極的になり、子ども同士のやりとりもさかんになっていきます。

できていませんでした。同じ1歳児クラスのRくんの対応と変化を見て、同じように対応できないかと試行錯誤した結果の相談でした。

一人の子どもの姿を深く考える機会があったことで、クラス全体の流れとは別に、個別にじっくりかかわる時間の価値を担任が共有できたからこそその気づきだったのだと思います。

Kくんに試されて

早速、Kくんについてどのように対応するか、話し合いました。Kくんの警戒心を解くためには「身近な人と気持ちが通じ合う」ことが第一の目標になると設定し、担当を決めて個別にじっくりかかわる時間を作るようにしました。

いざじっくりかかわろうとすると、Kくんは物を倒す、投げる、棚によじ登るなど、保育者の反応を試すような行動を頻繁に見せました。また、すぐに叱る、制止するようなかかわりをする保育者を遠ざけているように見えました。このK君の行動を受け止めきれず、何人か担当を交代しながら、最終的に担当はKくん自身が選んだようなものでした。Kくんに試されて、選ばれた担当保育者のそばでは、実に落ち着いてあそび、笑顔を頻繁に見せていたからです。いつでも穏やかに、応答的にかかわることができることが、いかに大切か、Kくんに試されながら、保育者も学ぶことが多かったと思います。

意図してKくんと個別に関わるようになり、徐々に「安心感」が芽生えてきたのでしょう。クラスで一緒に過ごす時間でも、担当保育者と顔を合わせてにっこりほほえんだり、やりとりを楽しむようになり、以前のような警戒心の高い姿があまり目立たなくなってきました。

個別の計画をチームで実践する

3歳未満児の保育について、保育所保育指針では、次のように、個別的な計画の作成が求められています。

（ア）　3歳未満児については、一人一人の子どもの生育歴、心身の発達、活動の実態等に即して、個別的な計画を作成すること。
（保育所保育指針 第1章総則 3 保育の計画及び評価（2）指導計画の作成イ）

民営化1年目、特に実感することは、一人ひとりの子どもの安心感の有無が全体の雰囲気を左右するということです。慣れた環境から、新しく環境が変わることで、個別に丁寧に様子を見ていくと、どの年齢のクラスも何名か、気になる子や遊びを見つけるのが難しいと感じる子がいました。

民営化にかかわらず、子どもにとって、環境が変わるというのは新入園、担任

の変更、進級による部屋の移動など、保育所ではよく起こることです。変化に伴う個々の様子にしっかりと目を向け、まずは安心感を育むことが、個別的な計画の始まりになるのだと思います。

　先に示した例のように、問題行動として見てしまうと行き詰まることも、一つのサインとして捉えれば、個別的な計画に活かせることは多いと思います。

　また、個別的な計画を一人の保育者だけで考え、実践するのは難しいです。周りの職員がチームとして、個別のかかわりについて、ねらい、価値を共有し協力関係を築いて考え、実践すれば、多様な可能性が生まれます。

　いつでも「みんな一緒」でなくてもいい。少しはみだした子どもの姿から学べる、気づけるおもしろさがたくさんあります。そんなふうに考えて、園全体で子どものありのままを受け入れる協力関係を築くことができれば、なおのこと、一人ひとりの安心感は醸成されていくのだと思います。　　　　　　　　　　　Ⓣ

保育者のそばを離れ、友だちと一緒にいることの面白さを見出していく子どもたち。そうしたほほえましい姿を一緒に面白がって、見守っていきたいと思います。

保育者の願いと子どもたちの思いのズレを面白がる
ダンスでの遊びを通して

東京都小平市にある白梅学園大学附属白梅幼稚園（園児数169名）。
創立70年を迎え、設立当初から、自分たちで遊びや生活を創っていくことを大事にしてきました。
近年は、より保育の質を高めるため、園庭環境や行事の見直しを行っています。

保育者の願いと子どもの思い

　年長組でダンス遊びが盛り上がりました。その遊びは2019（令和元）年9月末から、新型コロナウイルス感染拡大防止のため緊急事態宣言が発令され園が休園になる2月末まで、約半年ほど続いていきました。特に思い入れのあるエピソードで、今でも思い出すと嬉しくなります。しかし、そこに到る道のりは平坦ではなく、葛藤しかなり悩みました。

　ダンスが始まったのは9月。保育者はこの時期に、仲間同士で目的を共有し、協力しながら進めていく経験を積み重ねてほしいと思っています。当園は、行事の見直しを行っており、そういった遊びが、大人側からの提案ではなく、子どもたちの側からの興味や言葉として挙がることを期待していました。

　保育者側からの提案は、あくまでも決して悪い方法ではないことを付け加えますが、当園では長年、保育者の計画した活動へのウエイトが大きかったこともあり、今は「計画」（保育者の意図）と「子どもの興味」（実態の姿）をどうバランスをとっていくのか模索している時期でもあります。

　もう一つ、この時期の私の一番の願い（というより、悩みに近い）は、個々の自立でした。個性的な子たちが集まったクラスで1学期に少しずつ自分がやってみたい遊びに取り組み始め、自信を深めている子どもがいる一方で、慎重な子どもたちは、自分たちで遊んではいるものの、自分が「できる」遊びしかしなかったり、仲間との関係も「いつもの仲良し」が多く、あまり広がらないと、担任である私はみていました。

保育の計画や意図・願い

　以上のことから、この2学期以降は、その子どもたちが仲間関係にとらわれずに、自分がやりたい遊びを行い、友だちと協力・協同的に展開できる遊びを援助しようと試みるわけです。この二つの願いが達成される可能性があった遊びの1つが、ダンスでした。

　結果的には2月の最後まで続いていった遊びになるのですが、遊びを盛り上げようと声をかける私の提案は、なかなか子どもたちの思いと一致しません。もちろん、保育は計画や予測どおりにいかないことがたくさんあります。その都度、子どもたちの姿を見ながら修正していきます。それが保育の面白さでもあります。

　ただ、当事者である担任としては、毎回、毎度、そのことを面白がることができるかというと、そうでもありませんでした。子どもの育ちに責任がある以上、「ズレ」をまあいいか、と楽観的にとらえられない心情も働いていたのでしょう。そのような心情が強く働くと、「ねらい」や「願い」が、子どもたちへの要求として時に強く出てしまうのかもしれません。今回は、ダンスの事例を通して、保育者の願いや援助について考えたいと思います。

ダンスの始まり

9月、ヒナとユキナが「ダンスやりたい」とCDを持ってきました。そういえば、このクラスは年中組のちょうど同じ時期に、フラダンスが盛り上がり、タヒチアンダンスを習っている保護者に教えてもらっていました。

私とこの二人のやりとりに気づいた女の子数人も、翌日好きなCDを持参して参加することになりました。自由奔放に踊っていた年中の時とは違い、ベンチを舞台に見立てて順番にジャンプしたり、このタイミングでバトンを振る、など何人かが中心になり、振付やフォーメーションを構成しようとして、かなり高度な印象です。

ただ、高度なぶん、わかっている子たちとそうではない子たちと分かれているように見えます。「こうして！」「こう動いて！」と、言われている子たちの表情は、どこか不安気です。担任である私は、その姿を見てどう援助していこうかなと思っていました。

もっと協同的になってほしい保育者の思い

主にダンスをしているのは、ハナとアリサとミカの3人です。9月末から始まったダンスは、「明日はコンサートだ〜、楽しみ〜！」と私が知らないところで、自分たちで企画するほど熱が入っていきます。子どもたちの表情を見ているとそんなに続いていかないだろう、そんな事を思っていましたが、私の予想に反して、ダンスは続きます。

ただ、もう少し仲間と一緒に相談したり、みんなの意見が反映されるといいなと思い、私もあれこれ口を出します。

「相談しながらやってみたら？」

「○○ちゃんはどう思う？」

いろいろと声をかけますが、彼女たちの反応はいまいちです。ですから、まだ時期尚早かもしれないと、しばらく様子を見ることにしました。10月の中頃になり、子ども同士で協力できるような別の仕掛けを投げかけてみようかと思い、クラス内でダンスについて話題にしてきました。クラスの仲間の意見を聞くことで、遊びのイメージがわくのではないかと、思ったのです。

するとクラス内からは、『舞台を作る』『衣装を作る』『ライトがあったほうがいいんじゃない？』などのアイデアがたくさん挙がりました。「ここから何か生まれるだろう！」と思ったものの、彼女たちからは「私たちは、これでいいの」とのことでした。

ダンスは継続しているものの、充実しているかといったら、彼女たちの表情を見ると、そうでもないように見えます。でも、「協力できるように」「各々が自立してほしい」という担任の願いからの提案は、却下されます。そのときは、楽しいのか、充実しているのか、正直測りかねるという心境でした。

ただ、一つ意識していたのは、保育者が無理やり間に入って主導することは避け、あくまで子どもが自分で気づいたら動くということを遵守しようと思っていました。

ダンスは憧れの眼差しで　　　　　　　　　　　　　11月

　保育者の彼女たちのダンスへの思いとは対照的に、ダンスの遊びは周りの子どもたちから「憧れ」の眼差しで見られていたようです。

　9月頃、友だちとの関係で気持ちが落ち込んでいたアイとユイナが、二人でヒップホップのダンスを始めていきます（実は、この時期、彼女たちのことはかなり気にしており、「ようやく自分たちがしたい遊びができた！」という思いでした）。

　「振り付け書いてあげようか？」と提案し、二人で考えた振り付けを私が図示していくことになりました。この時、私が、振り付けを図示している様子を、ハナがじっと見ています。声をかけようか迷いましたが、やめました。でも、彼女は「手伝おうか？」と二人が踊りやすいように振り付けが書かれたボードを手に持ってくれます。

　同じダンスをしている二人の様子が気になったのでしょう。一緒にやりたい、私たちもこうしたい…実際どう思っていたかは彼女にしか分かりませんが、私はもう少し自分の思いを素直に出せるともっと楽しくなるのではないか、と思っていました。

　11月になり、いちばん最初にダンスをやりたいと言ったヒナとユイナがフラダンスを始めます。ユキナのお母さんから話を聞くと、どうやら強烈にやってみたい思いが高まっていったようでした。私から何気なく声をかけると、「やってみようかな…」と始めていきました。

　彼女たちは、とにかく人に見られることが恥ずかしいとのことで、人に見られないようについたてを立ててダンスを楽しんでいきます。

　援助しようにも援助しようがないと思っていたダンスでしたが、クラスの子どもたちには彼女たちのダンスが刺激となり、「やってみようかな」と心を動かしていくきっかけになっていきます。3つのグループはお互い混ざり合いませんが、緩やかに互いに刺激をし合っていったのです。

ダンスが「動き」はじめる

　1月になりました。ダンスはいまだ継続しています。最初のグループのダンスの他に、ヒナとユキナも時々思い出したようにダンスをしていますが、互いがかかわり合っていくことはありません。

　1月17日のお弁当を食べたあとのこと。クラスの大勢は園庭にあそびにいき、ダンスをしているハナ、アリサ、ミカ、の3人と私だけになりました。私が弁当後の机を片づけると、ダンスをしながら、広くなったスペースで側転をし始めます。「気をつけてね」なんて言いながら片づけをしていた私ですが、ふと一緒に踊ってみました。3人は、「もう一回やって〜」「一緒にやろ〜」とゲラゲラ笑って踊っています。

　そのうち、舞台に立ってジャンプして降りてきて、側転して、タッチして交代してという流れが自然にでき、フワッとその場の空気が軽くなったというのか、心の底から楽しい雰囲気が流れ始めました。園庭から帰ってきた子どもたちが、3人と私の姿を見て、「なになに？」と集まり始めるほどでした。

　その後、泣いて気持ちが崩れてしまった子を元気づけるためにダンスをしようとしたことがきっかけになり、今まで混ざり合わなかった女の子たちが初めて一緒に遊び始めていきました。そこから緊急事態宣言で園が休園になる2月末まで、衣装を作り、ホールでコンサートを何度も開き、ダンスがクラスの遊びの一つとして位置づいていきました。

保育者の学びを生む「ズレ」

　なんとかしたいと思っていた時にはまったく動かなかったのに、一緒に遊び始めた途端、3人の表情がみるみる変化し、自然と遊びを共有できる流れが結果的に生まれていきました。2月まで継続し、クラスの遊びの一つになったダンスの「ポイント」は、この1月の出来事でした。

　冒頭にも書いたように、このダンスのエピソードは遊びへの思いと同時に、個々の自立や関係性への願いも内包されています。そのため、ダンスを何が何でも成功させようというよりは、ダンスでなくても、各々の子たちが自分たちのやりたい事を実現してほしいと思っていました。

　しかし、振り返ってみてみると、どちらかというと遊びを監督する第三者として遊びを見ていたことが、子どもの思いとのすれ違いを生んでいたのかもしれま

せん。もちろん保育者は子どもたちへの理解や遊びへの読み取りを、丁寧にしていく必要があり、「ズレ」は修正する必要があるかもしれません。一方で、「ズレ」るからこそ、試行錯誤し、子どもたちや遊びの面白さをより見ようとする。そんな作用も働くのならば、「ズレ」はむしろ、保育者の学びを生む可能性もあるのかもしれません。これこそが「ズレ」から生まれるトライアル・アンド・エラーのプロセスなのでしょう。

答えがないからこそ

　1月のターニングポイントを掘り下げていくと、場が流れ始めたのは、保育者が一緒に遊んだ場面でした。ともにダンス自体を存分に楽しみ、保育者自身の「願い」と「方法」との間に距離が生まれています。つまり、相談させよう、一緒に作れるようにしよう、という保育者の要求はいったん横に置き、協力できる方法を一緒に楽しみながら考えていこうという心境に変化していっています。

　年長組になると、3学期ということもあり、なおさら保育者は子どもの遊びの仲間に入るということは少なくなります。もちろん、遊びによっては仲間になることもありますが、むしろ自分たちで遊びを展開できるように、保育者は黒子になることが多いのではないでしょうか。10数年経験しているうちに私の中に染み付いた役割像が「子どもの内」に入るということを疎かにしていたのかもしれません。

　子どもたちが、遊びの中で協同的に、対話的な関係で、展開していくのは、答えや明確な計画がないぶん難しさもあります。ただ、答えがないからこそ、迷ったり、悩んだりしながら、子どもと生活を創っていく。そのこと自体を楽しもうとする姿勢（保育者自身のプロセス評価）自体がこれから求められるのかもしれません。

子どもの育ちにつなげる！
保育日誌・記録のあり方
保育を振り返り、明日の保育に
つなげるための公立保育園の取り組み

千葉県市川市には現在、21の公立保育園があります。
公立保育園では保育の見直しの一環として「記録プロジェクト」を立ち上げ、
保育に活かせる保育記録に向けて取り組んできました。
「一人一人のおもしろがっていることに注目しよう！」を合言葉に、
記録を通して保育の質の向上につなげたいと考えています。

保育の見直しから気づいたもの

　仕事に追われる多忙な毎日を振り返り、その中で、「時間をかけて書いている記録が実際に保育に役立っているだろうか」という観点から保育日誌に着目し、プロジェクトを立ち上げ、保育日誌から保育の見直しに取り組んできました。

　これまでも保育所保育指針の改定にあわせて保育日誌を見直し、様式の変更を繰り返してきました。しかし、保育者自身の反省や一日の流れ、情景だけで記録が終わってしまうこと、次への保育に向けて曖昧な表現になり、具体的な見直しが書かれていないことが多かったように思います。いわゆる業務日誌になっていました。私たちは、なぜ変われなかったのでしょうか。

今まで保育日誌の最後によく書かれていた曖昧なフレーズ…

> 子どもの気持ちに寄り添っていきたい。
> 全体をよく把握していきたい。　　　　　　　　　　など

　次の保育に向けての記録というよりも、どこかで1日の業務報告のための記録ととらえていた保育者もいたのかもしれません。そこで、記録の意味を問い直していきました。

子ども理解をもとに
次の保育につなげる

遊びの中の育ちや
経験の読み取りをする

保育の振り返り

子どもを理解する

 保育日誌の目的を考えてみよう！

保育者同士の
情報共有

↓

**時間をかけて書いているのに、日々の保育に役立てていないのはもったいない。
活用できる記録や計画にしていこう!!**

新様式作成へのチャレンジ

　「書いたものを読み返し、保育の振り返りができるものにしたい」「保育日誌を活用して子ども理解を深めたい」などの意見や気づきから、少しずつ現在の保育日誌の課題が見えてきました。

　まずは、あそびを通して次の保育へつなげていきたいと、3、4、5歳児クラスの保育日誌の作成に取り組んでいきました。

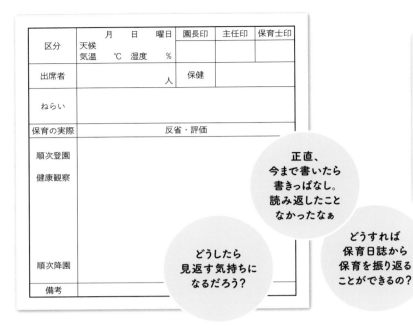

区分	月　　日　　曜日	園長印	主任印	保育士印
天候 気温　℃　湿度　%				
出席者　　　　　人	保健			
ねらい				
保育の実際	反省・評価			
順次登園 健康観察				
順次降園				
備考				

正直、今まで書いたら書きっぱなし。読み返したことなかったなぁ

どうしたら見返す気持ちになるだろう？

どうすれば保育日誌から保育を振り返ることができるの？

様式変更で重視したこと

❶〜ができない！ではなく、子どもの面白さやトキメキ、わくわくしている姿をとらえ、エピソードを具体的に書けるようにする。

❷書く項目を作り、見やすさを大切に。情報を整理し、読み返したくなる日誌にする。

❸日のねらいを設定することで、1日でねらいを達成しようとしてしまい、保育者主体の保育になりがち。子ども主体の保育をめざし、子どもの姿を柔軟にとらえるため、週単位でねらいを設定してみる。

これらを踏まえ、どんな形式にしたら理解しやすいかな〜!?

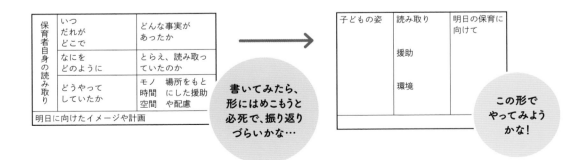

保育者自身の読み取り	いつ だれが どこで	どんな事実があったか
	なにを どのように	とらえ、読み取っていたのか
	どうやってしていたか	モノ 時間 空間　場所をもとにした援助 や配慮
明日に向けたイメージや計画		

書いてみたら、形にはめこもうと必死で、振り返りづらいかな…

子どもの姿	読み取り 援助 環境	明日の保育に向けて

この形でやってみようかな！

様式だけ変えてもうまくはいかない

　私たちは、様式が変われば書き方も変わると安易に考えていましたが、子どもをとらえる目（視点）を変えなければ、そう簡単に記録は変わるものではありませんでした。

7月29日　水曜日　18人 天気　晴れ　温度24℃　湿度48%	保健	異常なし	園長印	主任印	保育士印
子どもの姿 保育室前にいたカマキリを虫かごに入れ観察している子どもたち。みんなで見ているが、Mはとっさにケースをつかみ、独り占めしてしまう。	**読み取り** Mは一人だけで見たい思いが強く、順番に見るのが嫌だと思っている。 **援助** 独り占めした時にまわりの子どもは順番で見ていて「偉いね」と声をかけ、Mに勝手な行動を肯定的に気づかせた。 **環境** 机1台、虫かご1つ		**明日の保育に向けて** 子どもたちは虫が好きで近くで見たい気持ちが強いので、順番でみてねと声をかけたがその後もトラブルになりそうな時はそばにつき、見守っていきたい。		

ここでの視点は仲良く見ることでいいの?

子どもにどんな経験をさせたいですか?そのための環境はどう作りますか?

次の保育に向けて、具体的にどんなことをしますか?

あらためて見えてきた気づき

❶子どもの姿が「できないこと」に対する視点になり、「子どもが面白がっていること」に着目できない……保育を振り返り、明日の保育につなげるために、今までとは着眼点を変え、新しい様式を作成しました。しかし、子どものできないことに目を向けることからの脱却には長い時間がかかりました。

❷「読み取り」「援助」「環境」の書き方がわからず、混在してしまう……自分がどのように読み取り、その読み取りから時間、空間、仲間を意識するなど、保育への手がかりを書いてほしいと意図して、欄を作りましたが、どう書いたらよいかわからず、周囲にあった用具や玩具の事実のみを記載すればよいと思ってしまう保育者が多くいました。

❸子どもの姿はとらえられているのにうまく言語化できない……保育者が、記録から何を感じて何を伝えたかったのか、意図がみえづらく「いつ?　だれがいっしょにいたの?　どうして先生はそうしたの?」と、保育日誌をもとにさまざまなことを尋ねると、記載されていなかった面が整理され、保育者は「こう書けば伝わりやすかったんだ」とハッとしていました。正解の書き方を求めてしまうあまりに、悩んでしまう保育者の姿がみられました。

記述の観点から子ども理解へ…

　保育日誌を読んでいると、2つの記録のタイプがあることに気がつきました。

子どもの姿を読み取り面白がっている。子どもは、主体的に遊んでいるが、言語化が苦手なタイプ

記録はうまく書けるけれど、保育が…。記録のために保育者主体のことも…?

対話がポイントになる

　保育日誌に書かれている内容について保育者とやり取りすると、次の保育につながるヒントがみえてきました。そこから少しずつ、保育を振り返るための記録につながるようになってきたのではないかと感じます。

対話を通してさまざまな課題が見えてきました。

　対話を通してやり取りする中で、次の保育につなげるための記録の質を上げていくためには、保育者だけでなく園長、チーフ主任等、読み取る側の力量も必要となってくることを感じます。

一番の
対話の必要性は
ここにあったの
です‼

何度も失敗して気づく

　そこで園長、チーフ主任は、毎日、保育日誌を読み、それらを読み解く力、保育者の思い、保育を引き出す力をつけるため、学びを深めていかなければなりません。園長、チーフ主任も「How to」「正解を求める」という考え方では、保育者同様、保育者の気づきを理解して学びにつなげていくことは困難でした。何度も勉強会を開き、試行錯誤の中で失敗と気づきを繰り返さなければ、次につながらなかったのです。ここまでの葛藤に、かなりの時間を費やしました。

対話を試みる中での課題
　決まった時間に対話をしていなかったこと、話したことがどこにも記録として残っていないこと。

公立保育園として全園共通で取り入れたこと
❶チーフ主任がクラスに入り、『振り返り対話シート』のマップに遊びを落とし込み、それを基に1週間に1回、保育者とチーフ主任との対話の中で週の保育を評価する時間を設ける（子どもの育ちを見とる）。その際、チーフ主任が保育者の共感者になれるように心がける。
❷園長、チーフ主任が週に一度、保育日誌をもとに対話し、お互いに情報共有する。保育日誌をもとに、保育者に保育の面白さを感じてほしいと願い、どう保育をすすめていくかを中心に対話していく。

振り返り対話シートとは

　室内と園庭で誰と誰がどのような遊びをしていたのか、チーフ主任が俯瞰的に記録する。

❶遊んでいる場所をマップに落とし込む

❷子どもの名前・遊びと行動を記載する

　チーフ主任と保育者が対話を効率的に進められるように使用し、俯瞰と個別の遊びの読み取りを意識化していく。その際、対話した内容や次週に向けた内容も記載する。

プロジェクト会議の様子。園同士の共通理解を図ります。

　対話方法については、対話の模様をプロジェクトチームの園がビデオに録画し、参考となるよう、全園に見てもらい実践につなげていきました。

　時間を作り出すのはとても難しいことでしたが、公立保育園が同じ方向で取り組んでいくためには、短い時間でも取り入れてみなければ次には進めません。

まだまだ全体での温度差は感じる

　折に触れ、保育者と対話することを心がけてきました。この記録は、少しずつ子どもの面白がっていることを理解しようと意識が芽生え始めた保育者の日誌ですが、子ども理解の個人差や記録に対する考え方の温度差もまだまだ大きくありました。

　しかし、どのように書けばよいかを悩み、試行錯誤していくなかで、保育者の意識が変わり、それに伴い少しずつ子どもの様子も変わってきたように感じました。そのような中での一つの事例です。

7月10日　金曜日　16人 天気　晴れ　温度22℃　湿度41%	保健	異常なし	園長印	主任印	保育士印

子どもの姿	読み取り	明日の保育に向けて
段ボールで作った家の屋根が壊れたので床に置くとW、Hがその上に寝転がる。さらに新しい段ボールを出すと中に入りたがり、いつしかお風呂になる。バーベキューコンロを作ると、Mはトングをもって毛糸や食べ物を焼き、皿にのせ盛り付けていた。	コンロで焼く真似、寝る真似、お風呂に入るなどからキャンプをイメージして遊ぶことを楽しんでいる。 **援助** 子どもたちの遊び方を見て、バーベキューができるようにコンロとテーブル、いすを用意する。 **環境** 偶然おかれた段ボールに寝転がったところに布を掛けると、寝袋になり、そこからキャンプごっこが始まった。	子どもたちの遊んでいるところから広げ、保育者がイメージしたキャンプごっこを子どもたちもイメージして、一緒にキャンプごっこを楽しむことができた。もっと段ボールや布などを用意し、他の道具に変化させながら楽しめるようにする。

試行錯誤を繰り返す

　悪戦苦闘しながら対話を続ける取り組みは、保育者だけでは発見できなかったことへの気づきにつながり、少しずつ対話の大切さを実感できるようになってきました。しかし、今度は、週のねらいにとらわれすぎることで、臨機応変に子どもの面白がっていることをキャッチできなくなっているという課題にぶつかりました。

10月15日　木曜日　18人			園長印	主任印	保育士印
天気　曇り後雨 温度22℃　湿度45%	保健	異常なし			

子どもの姿	読み取り	明日の保育に向けて
バーベキューコーナーにあった流し台を見つけ、Jを座らせるM。Jの上には布をかけて、流し台の所に横になるように言っていた。その後、調味料の容器をシャンプーに見立て、MはJの髪を洗っていた。「髪の毛やさんなの」「洗ってあげるの」と言っていた。それを見ていたAもやってきてシャンプー台に座り、髪を洗ってもらっていた。	Mは、お客さん（J）の髪を洗う美容師の真似をして友だちの髪を洗うことが楽しいと感じていた。 **援助** 時折声をかけられ見守った（Mは黙々と髪を洗っていたので「かゆい所ないですか？」「熱くないですか？」などと美容師の声かけを担任が真似をして雰囲気を作った）。 **環境** バーベキューコーナーで美容師ごっこが始まっていたので、バーベキューを楽しむ子どもと、使いたいものや場所がお互いに重なってしまった。	●今回は髪を洗うだけで遊びが終わってしまった。美容師ごっこを発展させていくためには道具が少ないと感じたので、ドライヤー、シャンプー、鏡などといったものを用意していく。 ●ごっこ遊びが1か所で行われて遊びが混在していたため、美容院コーナーを増やす。 ●美容師とお客さんの役を友だちと交代したり、やりとりしたりできるようにしていく。

この日誌の事例は計画から実際の姿と照らし合わせ、記録からも、保育者の読み取りや次の保育に向けての手立てが書かれているように感じます。しかし遊びが継続されずに終わってしまいました。

美容院ごっこの一コマ。遊びを深めるためには何が必要か？議論は尽きません。

対話を通しての気づき

●ねらいに合わせ、日誌を書くことを想定して保育を進めてしまっていた。

●明日の保育に向けて道具を用意していくと記載したが、この記録を書いて保育者の気持ちが完結してしまい、次への環境設定の実現に至っていなかった。そして、そもそも見立てて遊べる素材が少なく素材の準備ができていなかったため、子どもたちは遊びを自ら考え発展させていく経験ができていなかった。

●子どもからの発信を待ち、見守りだけになってしまい、結局遊びの楽しさにつながらなかった。子どもの主体性を大切にすることは、見守るだけでなく、「環境に願いを込める」いう意味が少し実感できた。

「ごっこ遊びを楽しむ」というねらいを通して、上手に記録を書くことよりも、子どもの姿から保育者の本当の願いは何だったのか、何を育てたかったのかを読み取り、考えていくことが大切だと実感した出来事でした。

これからに向けて

時間の確保

　日々忙しい中で、チーフ主任が子どもの遊びを客観的にみるために、クラスに入る時間を増やすこと、クラス担任が負担にならないように対話の時間や方法を作り出すことが課題だと考えています。

保育者のやりがいにつなげる

　様式の変更により、書き方にも慣れずどのように書いたらよいか多くの保育者が悩みました。しかし、読み取りを深め、保育者の願いを明確にすることで、次はどのようにしていこうか、裏づけされた援助や環境の記載になってきたのではないかと感じています。保育の深みややりがいにつなげるために、これからもともに学び合っていきたい部分です。

トライアル・アンド・エラーの継続

　記録は書くことが目的ではなく、保育を見直していく、保育への手立てを考えていくことに意味があります。保育者の「保育が楽しい！」「こうしたい！」という思いにつなげていきたいです。

室内遊びでも子どもの関係性を考慮して次の遊びにつなげます。

公立保育園全体の取り組みとしてとらえる

　今回、記録のプロジェクトメンバーを中心に、公立保育園全体で取り組めるように考えてきましたが、園による温度差があることも事実です。職員の入れ替わりや担任が変わる中で、どうすれば記録の定着化につながるのか、さまざまな方法を検討する必要性を感じています。

大型ブロックを用いてそれぞれの遊びを楽しんでいます。

　これまで書いてきた日誌は、子どもの体調のことや天気の様子から書き始め、保育者の反省ばかりの内容になっていました。しかし、わくわくする子どものエピソードを追い、記録の変化の糸口が少しずつみえてきたように思います。対話の中で保育者がつぶやいた「保育は頭使うわ〜」といった言葉が印象的でした。

　また、私自身のマネジメントでも変化がありました。プロジェクト発足からかかわっていたことで、最初は自分がクラスに入り観察し、気づきをチーフ主任と担任に発信していました。そのため、担任も、気づきや困惑などを園長に直接話にくることが多かったように思います。

　午前中の保育時間にチーフ主任がクラスへ入り対話を重ねたことで、園長からのトップダウンだったものが、チーフ主任が要となる保育に変化してきているように思います。これが2年間の成果だと感じます。

行事の見直しを通した
保育の見直し

東一の江幼稚園は、東京都江戸川区にある私立幼稚園です。

満3歳児から年長組まで257名（2021年5月1日現在）が在籍しています。

また、園の敷地内には、小規模保育事業「東一の江保育園こすもす」を併設しています。

遊びの中の学びが深まるよう、日々保育にあたっています。

行事の見直しの目標

　当初は「これ楽しいかも」「子どもたちのために」という思いで始めた行事も、園の創立から55年以上が過ぎ、その数が多くなっていました。さらに、月日が経つにつれ、行事のねらいも曖昧になり、形骸化し、結果として「させる」活動が増えることになったのです。

　行事については、幼稚園教育要領で次のように書かれています。

　　　行事の指導に当たっては、幼稚園生活の自然の流れの中で生活に変化や潤いを与え、幼児が主体的に楽しく活動できるようにすること。
　　　なお，それぞれの行事についてはその教育的価値を十分検討し、適切なものを精選し、幼児の負担にならないようにすること。

（幼稚園教育要領　第1章総則）

　行事は本来楽しいもので、幼稚園教育要領にあるとおり、主体的に楽しく取り組むものです。しかし、「させる」活動は子どもの主体性を奪いますし、行事の数が多く、それらのねらいが曖昧であれば、幼児だけでなく保育者も負担に感じる場面が増えているような状況でした。これは日常生活においても同様で、いわゆる「一斉活動」の内容も行事の量に応じて増えていたので、日常生活と行事双方の「精選」を検討しました。

日常生活を豊かにするための行事が、いつの間にか数が増え、その分保育者と子どもにとって負担と感じられる場面も見受けられるようになりました。

以前の行事

　たくさんの行事や活動一つひとつを検討し、数年かけて、中止したり内容の再検討をしたりしてきましたが、一つの例として当園の「ありんぼ会」という行事を取り上げます。

　この行事はクラスで一つのテーマを決め、それに向かって造り上げていく行事で、以前は「ありんぼ会作品展」と言っていました。

　当時は、クラスでテーマを決めたら「個人制作」「グループ制作」といった個人の役割がすぐわかるような制作活動を中心に展示していました。これは保護者にとって自分の子どもが何を作ったのか、すぐわかる効果はありますが、子どもの思いを個人制作やグループ制作といった形式にあわせなければなりません。

　また、紙版画や全身の絵（年長組のみ）など、クラスのテーマとは別の展示物も多い状況でした。これらは行事直前に描くわけではありませんが、日々の活動量を増大させた一因になっていました。

以前の制作活動では、子ども一人ひとりの役割がすぐにわかるような活動が中心に行われ、子どもの思いを活動にあわせなければなりませんでした。

この状況を変えたいけれど

　その当時、いろいろな勉強会に参加し、また他の園や養成校の先生から話を聞く機会が多くあり、自園の保育についていろいろな人に相談をしていました。そのなかで、この状況を変えていかない限り、保育の質の向上はないという確信を得ました。ただ、保育はいろんなことが絡み合っていますので、どこから手をつければいいかわからないような状態が続きます。

　でも、それでは前に進まないので、「この活動やめてみようよ」と保育者に提案をしました。しかし、保育者の反応は弱かったです。それは、園の保育が「悪いわけではない」状況だと保育者が感じていたことと、変えられないだろうというあきらめの気持ちであったことの両方があったからではないか、と今ならわかるのですが、当時は「なぜ、わかってくれない」と思っていたところがありました。

改善にチャレンジしよう

保育者は何を負担に感じているんだろう

　もやもやとしながら数年が過ぎました。しかし、私が変えようとしていることに保育者は気がついてくれていました。すると一部の保育者から「なぜ、紙版画でなければならないのかわからない」「遊ぶ時間の確保ができない」「やらせることが多くなっている」などの声を聞かせてくれるようになりました。

　こういった声は、活動のねらいが明確でないことや遊びが充実していかないことなどに対して保育者が負担感を感じていることから発されていたことに気づき、まずはこの負担感を軽減することから見直しを始めようと、改善の方向性を定めました。

　例えば、「ありんぼ会」では年長組が自身の等身大の絵を展示していました。ダイナミックで保護者の評価が高かったのですが、「なぜこれをするのか」というねらいがわからなかったため、保育者は「毎年やっていることだから」という意識で活動をさせることにつながっていました。これが心理的負担感となっていたのです。

　また、クラスで盛り上がっているテーマのことに没頭したいのに、模造紙に描かれたこの大きな絵を貼る作業に、保育者は時間的な負担も感じてもいました。このような大小さまざまな負担感が保育者にはあったのです。

負担感を軽減させたいけれど…

　こういった負担感軽減のために、ねらいを明確にすることからはじめました。まずは私自身でねらいを考えますが、なかなか思いつかないものが多かったので、保育者に「この活動のねらいは何？」と聞いて一緒に考えることにしました。しかし、理由の後づけをしている感じが拭えません。さらに、こういう場合の大半

は、保育者がやめたがっている活動であることもわかってきました。

　そして、ねらいがわからず負担感を感じている行事や活動はやめたり、内容を再検討したりしようと、保育者と話をしながら検討をしましたが、これらを最終判断、決断するのは園長や副園長のリーダー層です。この決断がうまくいきません。正確には、最終決断をする園長を説得できなかったのです。

　当時の園長に、負担軽減を理由に活動をやめようと提案しても「やめなくてもいいだろう」とよく言われました。なかなかうまく進まず、イライラしたこともありましたが、単に私の説明不足で意図を伝え切れてなかっただけであり、また、精選は保育者の負担軽減が目的の一つではあるものの、最終目的は保育の質の向上にあるという当たり前のところに気づいていなかったのです。

　うまくいかないなか、あらためて保育者がやめたがっている負担感に着目しました。保育者が「やめたがっている」のは、負担感を感じて面倒だと思っているからではなく、子どもの育ちにつながっている実感がないのに活動をさせることに負担感を感じているのです。つまり、保育の質の向上が見られないことに対する負担感を見直す方向性に変えていったのです。

行事への取り組みの変化

　保育の質の向上につながるように精選しようと、改めて検討したのは、行事を削ることを目的とせず、遊び込める時間を生み出すことでした。言い換えると、遊び込める時間を生み出すために、行事や活動がそれを阻害しているのであれば、やめることも選択肢の一つとするということです。そこから3歩進んで2歩下がるような見直しを繰り返すことになりますが、それでも1歩は進んでいると意識していました。

　そうしたなか、当時の園長も徐々に理解してくれるようになってきて、先に述べた等身大の絵、紙版画はやめることになり、ちょっとずつ遊び込む時間が増えていきます。

　その後も1歩ずつ見直しを進めました。例えば、遊びが活きるありんぼ会にすべく、12月実施を2月にしたこと。子どもたちの思いに応じた形を作るために、個人制作やグループ制作といったカテゴリーを撤廃したこと。さらに、素材などの工夫ができるようにクラス費も設定しました。そしてこれらの一つずつを保護者にも説明してきました。

　これらに5年以上の年月がかかりましたが、先駆的な実践をする保育者が少しずつ現れ、それを見た他の保育者が理解を深め、自分なりに実践をするようになり、大きな変化となってきました。次の事例は、その大きな変化がみられた頃のありんぼ会の取り組みの一つです。

「幼稚園生活の自然の流れの中で
生活に変化や潤いを与え、幼児が主体的に
楽しく活動」することを目指した実践事例

スターウォーズの興味から（4歳児）

❶「あそびのじかん」の中で、男の子数人が「ストームトルーパーになりたい！」
とお面と衣装を保育者と一緒に造って、なりきってあそんでいました。

↓

❷それを見た子どもが「スターウォーズ知ってる！宇宙船もあるよね」と、ミレ
ニアムファルコン号を造り始めたのです。

↓

❸この遊びに夢中になっている頃、
あぼりんぼ会が近づいてきました。
そして「ありんぼ会でスターウォ
ーズをやりたい！」ということに
なり、スターウォーズコーナーを
造ることになりました。そして
「あそびのじかん」から造り始め、
「みんなのじかん」ではできたもの
を発表したり、さらに造り進めた
りとしていきました。

↓

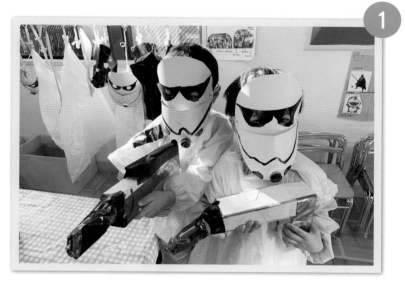

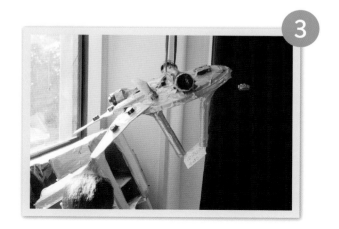

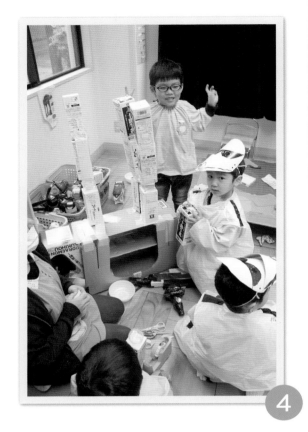

❹「みんなのじかん」の発表を聞いてスターウォーズの
　ことを知り、興味をもった子どもがAT-ATウォーカ
　ーという乗り物があることを調べ、「かっこいい！」
　と写真を見ながら造り始めます。

↓

❺「ありんぼ会」でこれらを展示し、映画館を造り、あ
　りんぼ会が終わった後もこの遊びのコーナーではス
　ターウォーズの遊びは広がりを見せていったのです。

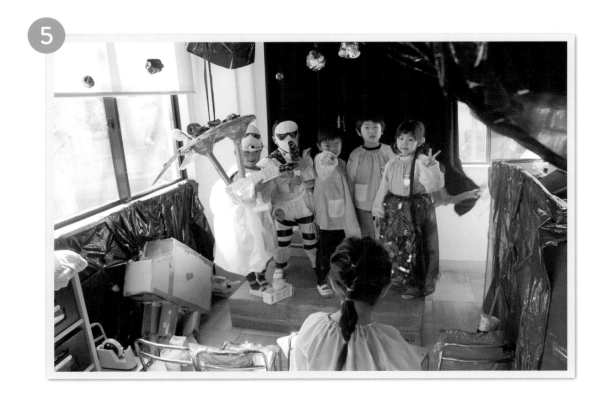

まとめ

行事や活動ははじめるのは簡単だが、やめるのが難しい

はじめるのは「とりあえずやってみよう」でできますが、やがて保護者などの期待はふくらむなどしてやめるほうが難しいです。だからこそ、はじめるときこそ慎重である必要があるでしょう。

名称がイメージを決める

精選と同じく、保育者、保護者の意識、イメージを変えることも、見直しにおいて大切にしていたことです。

スターウォーズの事例で、「あそびのじかん」「みんなのじかん」という言葉を使っていましたが、「あそびのじかん」とは「自由遊び」と言っていた時間を自由じゃない遊びなどない、遊びこそが学びであるというイメージをもってほしかったから変えた言葉です。また、「みんなのじかん」は「一斉活動」のような一斉に何をさせる時間ではなく、遊びを充実させるための時間という意味で名称変更し、その相乗効果をねらいました（図3-5-1参照）。そして行事は、その相乗効果をさらに増幅させるためにあると位置づけ直したのです。

同じように「ありんぼ会」も名称を変え、以前は作品展だったものを「表現展」と名称を変えました。作品展だと、子どもの作品に注目が集まり、そこまでのプロセスに意識が行きにくかったことと、ある年から展示する行事から、遊びが豊かになる行事に変わってきたからです。

さらにスターウォーズの事例のように、ありんぼ会の最中も終わった後も遊びが広がるような、行事が幼稚園生活に「変化や潤い」を与えるようになったので、「造形展」でもなく「表現展」にしました。

言葉を変えることは、その意味を問い直すことにもなります。これは、保育の質の向上を考えてもとても効果があったことだったと思っています。 Ⓣ

図3-5-1 日常生活を豊かにするための行事のイメージ

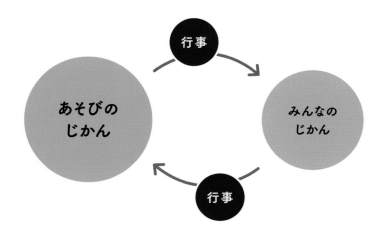

トライとエラーを繰り返す中で、保育者としての資質・能力が育まれる

田澤里喜

子どもは遊びの中で試行錯誤をしながらたくさんの学びの機会と出会っています。保育者も同じく、保育実践の中で試行錯誤、トライとエラーを繰り返し、成長していくのでしょう。

本章のそれぞれは単なる成功事例ではなく、試行錯誤の中の学びや気づきの大切さに気がつかせてくれる実践事例です。

RISSHO KID'S きらりの実践では、環境は一度作ったら終わりではなく、子どもの興味の変化などに応じて再構成した試行錯誤があります。

保育環境には保育者の思いが反映されます。その思いは子どもの興味関心が出発点であることは言うまでもありませんが、保育者と子ども双方の思いが重なり合うことで保育が充実していくのです。そのプロセスにはたくさんの不安や悩みがあり、それをエラーとは言いたくありませんが、保育者の不安や悩みはトライするきっかけになっていたのでしょう。

次の双葉の園ひがしやま保育園の実践事例は、保育者の「なんだか」落ち着かないという感覚を大切にし、それを対話的に検討しています。

子どもの気持ちを受け止めようとしたり、そうはいかなかったりとトライとエラーを繰り返し、うまくいかないときはまた対話をし…と循環しながら、園全体で保育をしようとするからこそ、たくさんの気づきがあり、また子どもを肯定的に理解することができているのでしょう。

一方、白梅学園大学附属白梅幼稚園の事例は、担任保育者の葛藤に焦点を当てています。担任が子どもたちとのズレを感じ、葛藤し、もがき、悩んでいる中で「一緒に遊び始めた」というとてもシンプルで保育の原点ともいえるかかわりに視点を向けたとき、子どもたちの表情が変化する場面は、いろいろなことを考えさせてくれます。

そして、大洲保育園の実践事例は記録についてです。様式はとても大事な要素ですが、それを変えたからといって保育が充実するわけではありません。ここでも鍵になったのは「対話」です。

厚生労働省の「保育所における自己評価ガイドラインハンドブック（2020年3月）」では、評価の取り組みを進めていく際のポイントの一つとして「明日の保育に向けた日常的な記録・計画の活用」をあげています。そして「共感的な読み手がいることで、より伝わる記録に」としています。大洲保育園の実践事例でも、試行錯誤、トライとエラーの中で、保育者だけでなく、園長先生、チーフ主任の先生など、対話を通して互いが共感的な読み手となっていっている様子がわかります。

また、「保育所における自己評価ガイドラインハンドブック」のタイトルには「保育をもっと楽しく」とあります。大洲保育園の実践事例でも「保育は頭使うわ〜」という保育者のつぶやきが紹介されていますが、頭を使い、わくわくし、変化の糸口が見えてきて、保育が「もっと楽しく」なっていったのでしょう。

そして最後の実践事例は、私が園長を務める東一の江幼稚園です。保育を変えていきたいという思いをもつ園長先生、現場の先生方が増えているように感じていますが、これらの先生の多くが悩まれているのが行事の改善です。

「園の伝統」として長年行われている行事はなかなか改善が難しいです。だからこそ、三歩進んで二歩下がっても一歩前進と信じ、トライとエラーを繰り返しながら改善していく姿勢が大事なのかもしれません。

トライアル・アンド・エラー からの学び❸

第4章では「保護者支援・子育て支援」に焦点を当て、
保護者や地域との協働に取り組んでいる実践を紹介します。

保育をともに楽しむ
可視化・共有をもとに、
保護者とのつながりを大切にした子育ての支援

こどもなーと保育園は、大阪市東淀川区にある小規模保育園で（小規模保育A型）
0〜2歳児19名が在籍しています。2014（平成26）年3月、大阪市の保育ママ施設として開園し、
翌年4月、小規模保育園として認可を受けました。アートは特別なものではなく、
子どもたちの日常の延長上にあるものとして、日常的なかかわりを大切に保育しています。
開園当初からWebアルバムやドキュメンテーションを活用し、保護者と保育記録の共有をしてきました。

小規模保育、施設が狭い中で行う
子育ての支援はどうすればいい？

　子育ての支援は、子育て家庭におけるさまざまなニーズに対応し、子育て家庭がそれぞれ必要とする支援にアクセスでき、安心して子どもを生み育てられる環境を整備することが大切だと思います。環境的に恵まれていない施設だからこそ、そのニーズにどう対応すればいいのか、どのような取り組みが可能なのかを保護者の言葉をヒントにしながら試行錯誤していました。その一つがドキュメンテーションです。

ドキュメンテーションに対する保育者の不安

　ドキュメンテーションは子どもの姿や育ちを園と保護者が共有するために作成していますが、保護者はどうしても自分の子どもの姿だけを見てしまいがちです。保育者もそのことを意識して「『うちの子どもが写っていない』と、保護者からクレームが来ませんか？」と心配する者もいました。

　また、ドキュメンテーションを作成するための写真撮影に対して、不安に感じる保育者がいました。子どもの面白がっている姿をとらえることの必要性を伝えていましたが、「どんな写真を撮ればいいのかわからない」と、写真に対する"答え"を求めているようにも感じました。

保護者の言葉で不安は解消

　このように、いくつかの不安があったものの、毎日、ドキュメンテーションを掲示してみました。すると保護者から、自分の子どもが写っていてもいなくても「今日はこんなことしていたのね！　○○ちゃんのこの表情面白いね！」という言葉が増えてきたのです。

　こうした言葉が聞かれると、保育者の不安も徐々に解消されていきました。大切なのは、夢中になっている子どもをとらえて保育を面白がるという保育者の熱意や気持ちであることに気がついたのです。

保護者とともに保育を楽しむ事例

　保護者とともに保育を楽しむ、お互いを理解する、それが子育ての支援につながるという実感はありましたが、そのための取り組みは、ドキュメンテーションだけではありません。さまざまな悩みや失敗をしつつ、保護者とともに保育を楽しみ、子どもの姿や育ち、興味・関心の理解につながった事例を紹介します。

図4-1-1　トライアル・アンド・エラーのサイクル

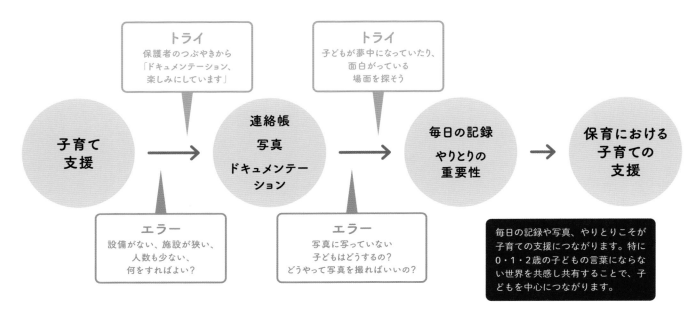

トライ
保護者のつぶやきから
「ドキュメンテーション、
楽しみにしています」

トライ
子どもが夢中になっていたり、
面白がっている
場面を探そう

子育て
支援

連絡帳
写真
ドキュメンテーション

毎日の記録
やりとりの
重要性

保育における
子育ての
支援

エラー
設備がない、施設が狭い、
人数も少ない、
何をすればよい？

エラー
写真に写っていない
子どもはどうするの？
どうやって写真を撮ればいいの？

毎日の記録や写真、やりとりこそが
子育ての支援につながります。特に
0・1・2歳の子どもの言葉にならな
い世界を共感し共有することで、子
どもを中心につながります。

一人の興味から始まり、つながった「虫図鑑」

　2歳児のA君はとても虫が大好きで、それが周りの子どもにも伝わったようで、公園や河川敷に行くと「虫探しをしたい」と言う子どもが増えてきました。

　その子どもたちの様子をドキュメンテーションで見た保護者が、家で捕まえたコメツキムシを容器に入れて、園に持ってきてくれました。子どもたちは、初めて見る虫に興味津々です。

一人の興味を保育者が記録し伝えることで、その興味が伝播し拡がり、つながっていきます。

興味のつながりの共有から見えてきたこと

　虫への興味が子どもたちの中で広がってきたとき、保育者同士の話し合いの中で、園で作っている「自分だけの図鑑」（前年度に子どもたちが自分の興味のあるものの写真などを切り抜いて集めた図鑑）と、子どもたちの興味である虫探しを合わせてみたらどうかという案が出ました。

　しかし、虫に興味のない子どもたちの興味・関心をどのように大切にしていくのか悩みました。

　子どもたちの興味を中心に活動を展開することが目的ですが、保護者にその意図が伝わりづらく「虫を探す。虫のことを詳しく知る」ことが目的だと思われてしまいました。実際、「うちの子は虫が苦手なので」「私も虫が苦手で」という保護者の声があったのです。

　そこで虫だけではなく、ごっこ遊びの中でよく使っていた石や草花なども図鑑に入れていくことにしました。その結果、自然に対する興味・関心が広がり、興味をもったものに対して子どもたち自身がアプローチすることの大切さや面白さを保護者にも伝えることができるようになったと思います。

　最初は、子どもたちがそれぞれの興味・関心をもとに活動を展開していましたが、徐々に周りの子どもが興味を示しているものにも関心をもち、お互いの関心が交差するようになってきました。

　「こんな虫見つけました」「カブトムシをもらったので」といろいろな虫を園に持ってきてくれる保護者も増え、虫探しという共通項で子どもたちの興味・関心を一緒に楽しんでくれているのではと感じるようになりました。

保護者や地域の方々との共有

　当園では、毎年2月に「こどもなーとのほいくてん」という行事を行っています。この行事はいわゆる作品展ではなく、子どもたちの活動の記録と子どもたちが作り出したもの、活動の痕跡などを展示し、保護者や地域の方々に見てもらうことで保育理解を促すことを目的としています。

　その「ほいくてん」で、虫探しの事例に関するドキュメンテーションや写真、活動の記録などを掲示し、保護者や地域の方々に見てもらう機会を設けることにしました。まとめの作業をするなかで、保育者が今までのつながりを振り返り、子どもたちの成長を改めて感じたようで、単にまとめるのではなく、冊子を作り保護者に渡すことにしました。活動をまとめ、地域の方々や保護者と共有することで、自分たちの軌跡と新たな視点が少し見える機会になりました。

　虫探しを起点として子どもたちの世界が広がり、興味・活動の幅が広がり、継続することで、周りの子どもたちにも伝わり、つながることを大切にしたいと思っていました。誰か一人の興味に周りの子どもが合わせるのではなく、それぞれの興味に向き合うことでどんどん影響し合いつながる面白さを伝えたいと思っていまいした。

　その日の出来事として、単発の活動ではなく、活動のつながり、子ども同士、保護者も含めたつながりが見えるよう、ドキュメンテーションにも連続性をもたせました。「ほいくてん」の中で時系列でまとめることで、活動のつながりや広がりを意識して見てもらえるようにしたのです。

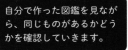
自分で作った図鑑を見ながら、同じものがあるかどうかを確認していきます。

「こどもなーとのほいくてん」ではたくさんの写真記録とともに子どもたちのつぶやきや保育者のコメントなども合わせて展示しています。それをもとに保護者、保育者、地域の方などが一緒に語り合える場となっています。

保育者によるドキュメンテーションをまとめた冊子

一緒になってかかわるからこそ、わかること

　虫探しの事例はこれで終わりではありません。3月の親子遠足でも、子どもたちの虫への興味から始まった多様な興味・関心から図鑑を作り、持参して出かけました。

　保護者もドキュメンテーションなどを通して、子どもたちの興味・関心を理解しているため、子どもたちと河原などを探求し、発見したものを図鑑に記録し、子どもたちも面白がっていることを体験しました。

　子どもたちの興味を体験したことにより、実際に子どもたちがいろんなものを発見し面白がっていることは、身近で特別なことではないと感じてもらうことができたと思っています。

　私たちが保護者に見せたいと思っているのは日常の延長にあることを、保育者も改めて感じることができた日でした。

親子遠足では小さな虫や石、
葉っぱや植物の種子などいろ
いろなものを探して、その小さな
発見を記録していきました。

子どもの未来の興味を保護者に大切にしてほしい

　本園は地域型保育事業にあたる小規模保育園であり、0～2歳児を対象としていることから、3歳で卒園しなければなりません。卒園はゴールではなく、子どもたちが育ち始めたばかりの通過点です。

　園で過ごした日々や活動が過去のものではなく、継続したものになるように、保護者とともにこれからも興味をもったものや発見したものを記録できるようにと、新しい図鑑はたくさんの余白ページを作りました。

　2年が経過した現在、この時作った図鑑を見て、当時のことを話してくれることがあると保護者から聞いています。自分で発見したもの、記録したものは記憶に残っているんですね。

図4-1-2 **活動のつながり**

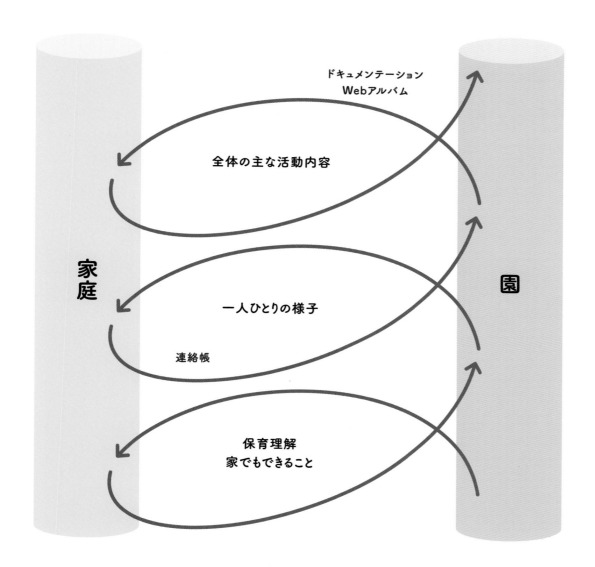

ドキュメンテーション
Webアルバム

全体の主な活動内容

家庭

園

一人ひとりの様子

連絡帳

保育理解
家でもできること

保育を伝えてきたことから

　毎日のドキュメンテーションや連絡帳、webアルバムなどで子どもたちの姿を保護者が理解し、心が動き、園に伝えてくれることで、情報が共有できるようになっていました。保育者だけでは、子どもたちの興味・関心をここまで持続させるのは難しかったかもしれません。園での出来事や遊びについて、家庭で日常的に話題に挙がっていることがすごく大切でありがたいと思っています。

　最近は、子育ての支援とは、施設が広くなくても、イベントをしなくても、子どもの姿を丁寧に保護者に伝えていくことをきっかけに、日々の保育の営みを保護者と園が共感・共有することが大事だと感じることができるようになりました。

保護者もご近所さんも
地域のプロフェッショナルも園のスタッフも
子どもを取り巻きながら、
皆が笑顔になる場所創り

栃木県宇都宮市にある幼保連携型認定こども園。0歳から5歳までの160名定員の園です。
1992（平成4）年、市の中心地から現在の地に移転し、2007（同19）年に
幼稚園型認定こども園、2013（同25）年に幼保連携型認定こども園となりました。
子育て支援センター「CiaoBambina!!」を併設し、在園児の教育・保育のみならず、
地域の子どもや大人を巻き込んで「認定こども園」を創っています。

親が園を支援するのは当たり前という構造

当園は1949（昭和24）年の設立当初から50年ほど、県庁・市役所と隣接した場所にあり、当時から社会状況や保護者のニーズの変化に対応するために平日18時までの預かり保育、長期休暇期間中も同じように保育を行ってきた園でした。

幼稚園時代は、入園する大多数の家庭は保護者の就労の有無にかかわらず、当園の保育理念に全面的に賛同し、入園を希望していました。保護者は「お世話になっている園のために何かをする・バザーをして寄付金募り・役員になった保護者を中心に、半強制的に保護者全員が参加・保護者の役割が多くて当たり前・もちろん無償でボランティア…」という風潮でした。園としても「保護者は行事にかかわって当然。保護者活動に参加して当然と」いう雰囲気があり、親が園を支援するのは当たり前という構造に胡座をかいていた状態でした。

多様な家族のニーズに応える必要性を実感

認定こども園に移行した直後、これまでのように園の保育方針に賛同して入園する場合だけでなく、利用調整で入園する家庭も増えました。当園の取り組みを肯定的に受け止めてもらえない保護者の割合が増えたことに、少なからず戸惑いを感じました。

また、時代背景とともにさまざまな環境をもつ家庭が増加し、それを受け止めながら保護者活動を運営していく必要が出てきたにもかかわらず、園は従来の保護者会の運営に大きな疑問をもたず、数年の間は運営を見守ってきました。

その間、保護者の間では、積極的に取り組む保護者とそうでない保護者の差が見え、「働いているから」「働いていないから」という目に見えやすい「ものさし」で測り始め、保護者同士の関係に亀裂が入っていったのです。

保育者の中にも、保護者とのかかわり方について、思考を切り替えることがで

遊びの広場、クリスマス会

子育て中の保護者がリフレッシュするための時間「デコまきワークショップ」

きず、保護者の背景をみることなく、「園に積極的にかかわる保護者＝子育てもきちんとしていて良い保護者」と判断することもありました。

CiaoBambina!（子育て支援センター）にて回転されるバンビのパン屋さん

この状況を打開したい

　徐々に保護者からもマイナスな声が聞こえ始め、改善を試みようとアンケート調査を行いましたが、反対意見にばかり目が行き、園の真意を理解して活動しようとしてくださった保護者からの信頼を失ったこともありました。

　それでも、どうにか今の状態を打開したく、「過去の歴史のすべてを否定するのではなく、引き続き大事にしたいところはどこだろう？　大切だけれど、時代に即した形態、方法に変える必要がある」そんなことを考えながら、少しずつ変化していきました。

　保護者が園のために何かを犠牲にするのではなく、「保護者が一緒に子育てを楽しみながら、園とともに子どもの育ちを喜びあえる」という大切にしてきた関係を継続していきたいと考えた時、「園」という主語から「子ども」を中心に置くことが大切なのではないかという視点に立ちました。

CiaoBambina!で人気のひとつ「さくらランチ」

PTA組織の解体…そして新しいプロジェクトへ

　そこでまず、既存の「PTA組織」をとりやめることにしました。とはいえ、当初は名前をなくしただけでしたが、それだけでも保護者にとって大きな意識の変化をもたらしたようでした。

　それまで「参加しなければならない」という義務感を抱いていた保護者は安堵しましたが、逆に「あまり時間はないけれど、少しでも園（子ども）にかかわる場所がほしい」「保護者同士の交流の場がほしい」そんな声も聞こえてきて、保護者にとっても集いの場として大切な場所だったと気づかされました。

　そこで、以下の4つの視点をもとにした『和笑輪プロジェクト』という保育参加活動の取り組みを始めました。

●園でのわが子の様子や、他の子どもと育ち合う姿を垣間見ることができて、保護者の安心感につながる
●他の保護者とのかかわりを通して、子育てに関するいろいろ

な情報交換ができる
● 子どもたちが自分の親以外の大人を身近に感じて、安心して社会へ踏み出すことができる
● 保護者がのんびりした時間を過ごすことができる場づくりをする

図4-2-1　PTAの枠組みの中での関係性

PTAの枠

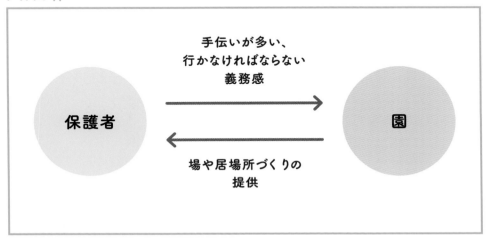

図4-2-2　PTAの解体で見えてきたこと（ニーズ）

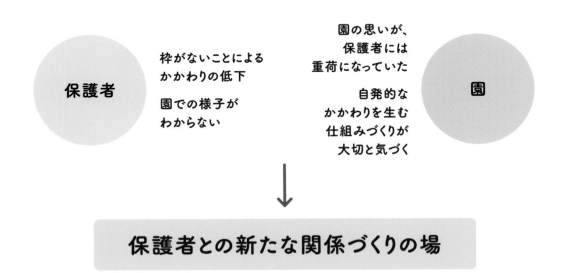

和笑輪プロジェクトでは、主語を「園と子ども」から「保護者自身と子ども」に変換し、視点を変えることで、保護者に園での子どもの生活に興味をもってもらい、保護者が好きな回数、好きなかかわり方を選べるようになりました。

　このことで、保護者が園を支えるという一方的な矢印だけではなく、保護者と園が双方向の矢印で結びつき、同時に、子どもの育ちを支えるというイメージに変換されていきました。

図4-2-3　和笑輪プロジェクトによる関係性の変化

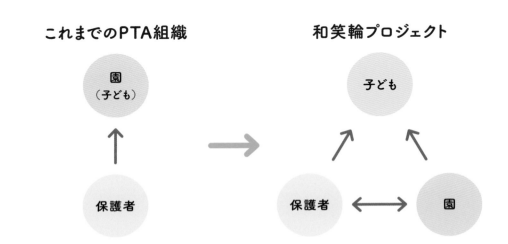

子ども連れでも気兼ねなくのんびりできるさくらCafe。お迎え前に保護者同士でほっと一息つく場面も。

さくらマルシェ
地域とのつながり・保育参画

　和笑輪プロジェクトの一つとして、「さくらマルシェ」があります。これはいわゆるバザーだったものから変化したものです。それまでPTA組織が行っていたバザーでは「お手伝いが大変」「子どもと一緒に楽しめる時間がない」などの声が多く聞こえていました。地域とのかかわりとしても、近隣住民や卒園生を招く程度で、到底「地域に開かれた」といえるものではありませんでした。

　そこで、ここでも行事の主語を「子ども」とし、子どもがさまざまな世界に触れるイベントということを強調して取り組みました。子どもだけでなく「大人の本気を見せる」「大人が本気で楽しむ」ことを並列して中心のテーマに置くことで、大人たちが自発的にかかわるようになりました。

　また、地域のさまざまなプロに力を貸してもらうことで、外部との交流にもなり、「大人ってかっこいいんだ、こんな面白いことができるんだ、これってどうやったらこんなふうにできるようになるんだろう…」と、子どもにさまざまな経験の「種まき」をしてくれています。

　プロのデザイナーやバイオリン弾き、科学者などなど…多様な特性をもった方々がそれぞれの専門性を存分に発揮することで、保護者の中にも、自分のもっ

「さくらマルシェ」の様子。地域のプロの力を借りて、子どもの興味・関心を引き出します。

ているスキルを子どもたちのために提供することを楽しむ姿が見られるようになってきました。

　和笑輪プロジェクトを中心とした園と保護者とのつながりを考え、年間で1、2回程度「お父さん先生・お母さん先生」としてかかわってもらうことを続けています。このように、これまでのような負担感を減らしながらも、隠れたテーマでもある「親支援・親育ち」の活動としても引き継がれています。

　「保護者の参画」という面からみると、課題は多く残っています。例えば、少しずつ保護者の負担感を拭い、園に足を運んでもらえる、そんな形にはなってきていますが、さくらマルシェ自体が園が主導しているプロジェクトであり、和笑輪プロジェクト自体、多くの保護者はまだ、お客様としての立ち位置にいます。そうした保護者をどう巻き込んでいくか、主体的に取り組んでもらうための工夫を模索しています。

CiaoBambina!
開かれた子育ての支援

　幼保連携型認定こども園に求められる「子育ての支援」を紐解き、焦点を園内から周辺の地域へと目を向けたとき、誰かとつながりあって子育てができる地域の子育ての拠点になれればという思いが芽生え、2013（平成25）年、子育て支援センターCiaoBambina!（チャオバンビーナ!）を併設しました。

　この取り組みでは「同じ時期に子育てをしている」「同じ園に在園している」だけの共通点でつなげるのではなく、「子育てをしていても、保護者も自分のための時間を楽しんでほしい」「まずは大人（親）が楽しむことで、子育ての支援につながるのではないか」という思いから始めました。ここでは、保護者の「趣味・興味」を媒とした時間を活用して、

- ◉ 人と人がつながるワークショップ
- ◉ 子どもと一緒でも、気兼ねなくおしゃべりしたりのんびりできるようなカフェ
  （ランチの提供やパン屋さんなど）
- ◉ 子どもと一緒に安心して遊び、他の家族との交流が広がるような広場

などを設定しています。

　また、CiaoBambina!では、小学生を対象とした広場として、午後の時間は家で1人で過ごすのではなく、友だち同士わいわいと宿題をしたり遊んだりできるスペースや駄菓子屋などを設定し、卒園生だけではなく地域の小学生たちとのつながりも生まれてきています。

　CiaoBambina!は、在園の有無・乳幼児期かどうかで区切るのではなく、「子どもと子育て中の家庭」が、必要なときに自分に合ったペースで、人とのつながりを

紡いでいける場所を目指しています。

　年間の利用数はそれほど多くはありませんが、実際に利用している人の話を伺うと、安心できる「居場所」として位置づきはじめていると実感しています。このことを通して、「子育ての支援・親支援・親育ち」は園側だけの主観で判断するのではなく、主体的にかかわれる場や活動を通して自発的に感じてもらえてこそ意味があり、自発的に感じてもらえる環境を作ることこそが大切なのではないかということに気づかされました。

既存のイメージをとらえ直すことで、新しい視点や関係生を創り出す

　子育て支援は、園から何か正しい方法を指南すると考えるのではなく、また園のあり方だけを押し付けるのでもなく、一緒に考えていくことが大切なのはいうまでもありません。

　しかし、PTA組織や保護者との関係は、一歩踏み出して変えることはとても難しいです。子育て支援の基本的な概念である、保護者や地域のニーズを捉え、関係性をいかに結んでいくかということを軸に、従来の意味を問い直す試行錯誤(Trial & Error)を繰り返すことにより「居心地のいい場所」「自分を見つけられる場所」「自分でいられる場所」になり、人が集うつながりの場になりつつあります。これからもいろいろな人とたくさんのかかわりを生み出す場としての子育て支援のあり方を考えていきます。

場を用意し、大人同士がつながり、交流を図ることで、親子がともに育っていきます。

小さな園の子育て支援から、多機能型地域子育て支援・地域協働へ
園づくりから街づくりへの転換

認定こども園2園と小規模保育施設2園・企業型保育施設・
放課後児童クラブ・子育て支援センター・宿題カフェ・マタニティハウス・
駄菓子屋・カフェ等が同一地域に存在します。
子ども・子育て中心の街づくりを目指して運営しています。

子ども自身の豊かな育ちを支える地域
多機能型地域子育て支援、地域協働

　わが国では、人口減少や少子高齢化が深刻な状況となっています。国の政策として、子育て家庭が身近な場所で適切な支援を受けられる体制を構築し、子育て家庭におけるさまざまなニーズに対応し、すべての子育て家庭が、それぞれが必要とする支援にアクセスでき、安心して子どもを生み育てられる環境を整備する方針を打ち出しました。

　また、社会構造が大きく変化したことで、就労の有無だけでなく、多様な文化や社会性をもつ家庭も増え、さまざまな家庭生活をおくる子どもたちが1つの園に在籍します。自然災害や感染症等の影響により、子どもや家庭・園を取り巻く環境も日々変化しています。

　このような背景の中、子どもたちが豊かに成長していくために、認定こども園や保育所、幼稚園には、地域の子育て支援や地域の関係機関との連携・協働などが強く求められ、従来の園のもつ機能や役割の変化を期待されています。

子育て支援を始めてみることで見えてきたこと

　地域のセンター的機能として、地域の関係機関との連携・協働などを目指すべく、子育て支援事業を始めてみると、地域のさまざまなニーズに出会うことにな

図4-3-1　**子育て支援のニーズ**

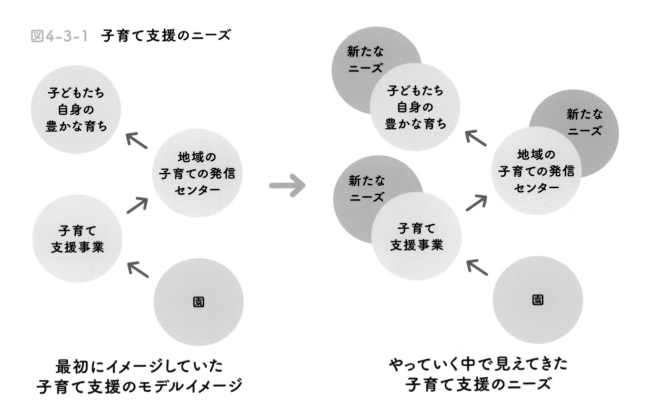

最初にイメージしていた
子育て支援のモデルイメージ

やっていく中で見えてきた
子育て支援のニーズ

りました。まさに、始めてみてからニーズを知り、そして知らなかった大きな壁に出会うことになるのです。

　幼稚園における子育て支援を振り返ると、園を母体にした支援事業である子育て支援をやりたいのではなく、子ども自身の育ちを充実して豊かな育ちを保障することが目的だと気づきました。そして、その目的を達成するために多機能化を目指していくことになるのです。

　子どもたち自身の豊かな育ちという目標を掲げて実行すると、想定外の課題に出会いました。目標を達成できるように最短ルートを進んでいったはずが、その課題により新たなニーズに気づくことで、その必要性に応じてさまざまな施設を

図4-3-2　子育て支援を追求する中での育ちを支えるための多機能化

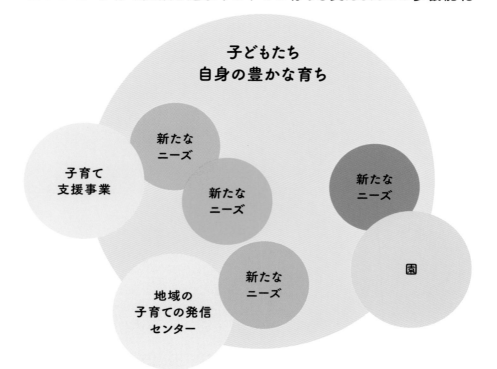

拡充していきました。

　一つひとつのニーズに向かい合っていくことは、時に遠回りと思えるような失敗も起こります。しかし、今までの道のりがあったからこそ見えてきた失敗ととらえ、一つひとつの新たなニーズとどのように向き合い考えるかが大切だと思います。目標の達成には、1本の道だと思っていても何本かの道が存在します。しかも、それらの道にはどこに向かうかわからない道もあるのです。そうした絡み合った何本もの道を一歩一歩進み、一つひとつのニーズに向かい合うプロセスに意味があり、ゴールに近づいていることに気づきます。

　ゴールに近づく（目標の達成に向かう）上では、新たなニーズにどう向かい合うかが試されているのかもしれません。

地域や行政と協働した子ども・子育て中心の街づくりを目指してのトライアル・アンド・エラー

　地域や行政機関との協働・連携は、形だけ行うことは非常に簡単だと思います。しかし、協働・連携を何のために図るのか？と考え、形にしようと思うと、非常に困難なものだということに気づきました。計画し実行したとしても、地域が応えてくれないかもしれない、地域には不必要なものかもしれない、行政は理解してくれないかもしれません。

園での預かり保育から子どもの育ちを支える場を考える

　ここでは、本園が試行錯誤しながら地域や行政、関係機関とつながり、子どもが豊かに育つために協働して「子ども・子育て中心の街づくり」の目標に向かっている様子を描いていきたいと思います。

　他職種や地域、行政との連携を考えながら試行錯誤して、課題に向かい合い（トライ）、壁にぶつかりながら（エラー）、新たなニーズ（トライアル・アンド・エラー）を探る繰り返しの連続でした。園の近隣の背景として、子育て環境が十分でない町に所在する私たちの取り組みは、就園前の子どもと保護者の居場所や支援の場が少ないことに気づいたことから始まります。既存の幼稚園の中で、園庭開放や未就園児クラス、子育てひろばでさまざまなイベントを開催したり、空き教室を利用した認可外保育施設もはじめました。年間利用の子どもだけでなく、一時預かり利用の子どもも積極的に預かる等、地域の0歳から2歳の親子のために多くの労力を費やしました。

　また、幼稚園でありながら、12時間開所の長時間保育や年末年始、お盆休み以外は保育を行い、就労の有無にかかわらず利用できる施設として、保護者のニーズに応えていたのです。

さまざまな課題や困難を知ることで、「支援ニーズ」に追われ本質を見失う

　しかし、幼稚園で行う地域子育て支援には大きな弊害がありました。限られた職員で行う長時間開所と多様な子育て支援により、保育者が徐々に疲弊してきたのです。

　長時間保育に加えて、土日も含めた子育て支援の実施、保育の質向上のための研修、多様な子どもたちを受け入れていくための話し合い等、負担が増えすぎて、気づいた時には、多くの職員が離職し、実習生は来なくなり、新卒者の採用予定者は4月を待たずに研修期間で姿を消していきました。中には、3年目の保育者に

主任を任せなくてはならない年もありました。保育の質の向上、多様な家庭への支援、地域の子育て支援等、子どもや保護者のためにと行っていたことが保育者の負担になり、園の根幹を揺るがす状況になっていたのです。

支援とは何か。働きやすい職場と地域子育て支援の充実、自治体とのつながりへ

　保育者が辞めていく園が取り組む地域子育て支援の質が高いわけがありません。子ども・子育て中心の街づくりの実現なんて、夢のまた夢です。疲弊し、劣悪となった環境の職場の姿に気づき、どんなに地域や子どもたちのためと思っても、働く保育者が次々と退職し入れ替わるようでは、質の向上は図れない、地域とうまくつながれるわけがないと反省し、考え方を変えていきました。

　地域の多様な家庭で育つ子どもたちが、家庭環境に変化があっても園を変えることがないように、地域で子育てをする家庭の居場所を作れるように、そして、保育者の労働環境を改善し、安定した保育・子育て支援が提供できるようにと、園が抱える課題を解決していくためのツールとして、認定こども園を選択しました。この選択が、地域や自治体とのつながりに大きな意味をもつことになります。

　認定こども園になり、幼児教育と保育を提供する機能に加えて、地域における子育て支援が義務づけられ、幼保連携型認定こども園に移行した本園も、児童福祉施設としての法的位置づけの施設になりました。そのため、開所時間に対する職員配置が適正になり、労働環境も安定していきました。そして、福祉部の所管する地域子育て支援拠点事業をはじめとする事業を受託することができ、自治体との関係が深まることになりました。

　自治体との関係から平成27年度にスタートした新制度移行では、地域子育て13事業や地域型保育事業を積極的に受託するようになったのです。

　所管が変わったからといって、すぐにうまくいくわけではありません。最初は行政との付き合い方がわからなかったので、監査指導等があると敵視していたこともありましたし、私学の独自性を勘違いして振る舞うこともありました。

　しかし、給付費や補助金といった運営上のやりとりや、施設認可などの重要な局面を協働していくことで、行政の考えを知り、立場も理解してきたように感じます。そして、園の子どもたちを育てる重要なパートナーだと気づくようになりました。これは、園や地域、子育て支援においても重要だと思います。一緒に目標に向かって協働していくために、つながりあうことから始めるべきではないでしょうか。

　人口減少、少子高齢者社会において、持続可能な地域社会を形成するには、政治、行政、現場の三者がそれぞれの立場により職責を果たし、協働して社会のために尽力する必要性があります。それは保育、子育ても同様だと思います。子どもや家庭を取り巻く様々な関係機関と連携をもち、各々がもつ資源を共有し、活

図4-3-3　**働きやすい職場と子育て支援の充実に向けたトライアル・アンド・エラー**

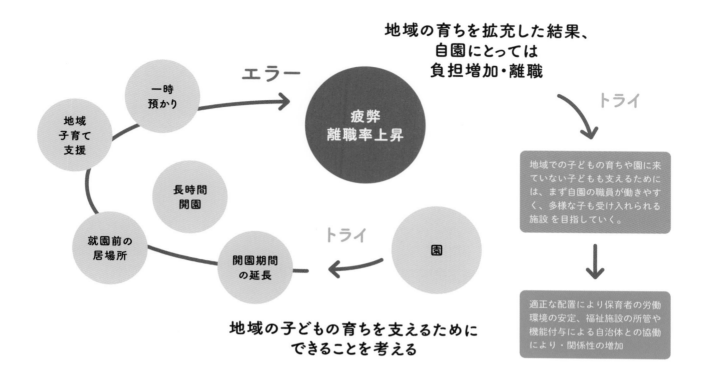

地域の育ちを拡充した結果、
自園にとっては
負担増加・離職

エラー

疲弊
離職率上昇

トライ

地域での子どもの育ちや園に来ていない子どもも支えるためには、まず自園の職員が働きやすく、多様な子も受け入れられる施設 を目指していく。

適正な配置により保育者の労働環境の安定、福祉施設の所管や機能付与による自治体との協働により・関係性の増加

一時
預かり

地域
子育て
支援

長時間
開園

就園前の
居場所

開園期間
の延長

トライ

園

地域の子どもの育ちを支えるために
できることを考える

用し合う関係になれば、子どもや家庭にとって本当に豊かな地域になるのだと考えます。恥ずかしいことなのですが、今になると筆者はどこかで自分の園のために行政や地域があるように勘違いしてたように思います。地域の子ども達を育てるために、私達の園が認可され、運営させていただいているのだと気づいた時からは地域の子育てのために何が出来るか真剣に考え、行動するようになったことは間違いありません。

子どもたち自身の育ちを支える
地域との協働の試行錯誤

　地域とつながる取り組みの一つとして、医療機関などとつながるための出張図書館があります。出張図書館といっても、病院の待合所等の本の管理を当園が行うといったものです。年に4回、本の入れ替えを行い、医療機関を利用する親子に本を届けます。

　この事業により、医療機関とつながっていくと、園でけがなどをした際、時間外であっても丁寧に診療してくれる関係性が生まれました。現在では8つの医療機関と行政機関が当園の図書を利用しています。

　また、県立高校との連携も深くなっています。学校の保育実習や保育体験を毎

年、数日引き受け、授業にも講師として職員が登壇します。園側にとっても、水害避難場所は高校の屋上となっており、避難訓練も行います。運動会も高校の校庭を利用させていただき、行事の際に連携が図られています。高校生採用も行っており、希望があれば、働きながら養成校に通うこともでき、卒業後の就職先にもなっています。

このように、地域や社会のために何ができるのかを考えると、園に資源が眠っていることに気づきます。あとは、行動するのみです。

図3-3-4　こどもむらと地域のつながり

自治会
おやじの会

子育て関連施設・
地域ボランティア等

en-cafe

企業主導型保育事業
こどもの塔保育園

こどもむら

認定こども園こどもむら
栗橋さくら幼稚園

こどもむら駅前保育園
さくらのはな

地域の教育・保育施設
（保幼小連携、職業体験等）

教員・保育士養成校

こどもむら保育園
さくらいろ

農業・販売所
コインランドリー

認定こども園こどもむら
さくらのもり

子育て支援センター
森のひろば

ホームスタート
こどもむら

森の図書館
出張図書館

にじいろのおうち
マタニティハウス

学童保育
en-college

駄菓子屋
むすび堂

こどもむら寺子屋
はぴちる

芸術家・専門家

栗橋北彩高校
（保育実習等）

まずはつながってみようと
チャレンジすることから始まる

　最後に筆者の経験を述べさせていただくと、まずは誰かとつながってみることが一番の始まりだと思います。全国各地の教員・研究者、国や地方の行政、政治家、異業種の方々など、一つひとつのニーズを解決していくと、多くの人との出会いがあります。そこでの出会いや学びが、園運営の財産となりました。運営はもちろん大切ですが、理事長、園長といった組織のリーダーとなる人間は、社会とのつながりを豊かにしなくてはならないのです。

　社会の問題は、子どもたちの未来へとつながります。自園の保育だけしか見ていなかった時には、園の社会的役割には気がつきませんでした。私自身、団体活動は好まず避けてきたのですが、ある時、どうしても断れず役に就くことになります。しかし、あとになって考えると、そのときに一歩踏み出していたからこそさまざまな人とのつながりが生まれ、自分自身が現在成長できたのだと思います。人を支える行動をすることで、最後は自分に返ってくる。私自身を成長させてくれたトライアル・アンド・エラーのサイクルです。

　今最も大切にしていることは、どんなに支援を充実させても、支援を行うのは人なのです。保育現場では、保育者（園で保育するすべての関係者）である人が一番なのです。その保育者がどのような状態で働いているのか、生活しているのかが一番大切です。なぜなら、人は余裕がなければ、人にやさしくできないと考えるからです。

　心身ともに余裕をもち、人のことを考えられなければ、どんなメニューがあっても機能するとは考えられません。たとえ機能しても、持続可能な形にはならないでしょう。一人ひとりの職場やかかわっている人を大切にし、余裕があり、楽しみのある職場の中で、人間関係を形成することが最重要課題ととらえ、地域での協働や、子育て支援をしていく子どもの育ちを支える基本ととらえています。Ⓣ

地域や保護者、多様な人とのかかわりから生み出されるトライアル・アンド・エラー

田島大輔

子ども・子育て支援新制度により、地域の子育て支援の充実や、すべての子育て家庭を対象とした、地域のニーズに応じたさまざまな支援を充実する事業が行われています。認定こども園においてはこれらが以前から義務化されており、保育所や幼稚園においても、努力義務といった形で子育て相談や園庭解放、未就園の会などが行われていました。

改定された保育所保育指針等においては、地域に開かれた保育カリキュラムなどといった文言が加わり、地域の園としての存在意義も問われてきています。ニーズの多様化や問題の複雑さ等、園単独では解決しづらいこともあり、少子化とともに、生まれてきた子どもを地域でどのように育てていくのかが、今後も検討しなければならない課題です。

初めに、子どもの育ちをどう支えるか、小規模保育における子育て支援のあり方を提案してくれた【こどもなーと保育園】です。園で行う子育ての支援は、特別なことでなくてもできることを提示しています。普段の連絡帳や写真を使ったドキュメンテーション、そして何よりも保育者が丁寧に子どもの話をしていくことで、保護者はわが子の育ちや興味を感じとることができます。子どものことを「ともに」考えていくことは育ちを支えるとともに、保護者を支えていることにつながります。保護者からの発信を保育者が受け取り「ともに」考えてつながる事例からは、普段の何気ないやりとりからも子育ての支援につながる可能性を示唆しています。

次に、保護者同士のつながりや集う場所づくりをしていたつもりが、義務的になっていた【さくら認定こども園】の事例です。保護者との関係の中でトライアル・アンド・エラーを繰り返し、「保護者のためだと思っていた」「PTAを解体すればみんながハッピー

になる」と思っていたつもりが、ニーズを見えにくくしていました。PTA組織の解体を行うことで、今までの良さと課題が見えてきて、子どもを中心とした和笑輪プロジェクトへのチャレンジにつながります。

いろいろな視点や角度から意見を言ったりかかわる人がいるからこそ、何のためにやっていたのかを見出せたことが大きかったのでしょう。

地域におけるニーズに応えようとすることでさまざまな課題が見え、課題を克服していく取り組み自体が大きなトライアル・アンド・エラーになっていた【認定こども園こどもむら】。この実践では、自治体と取り組んで街づくりを行うスケールの大きさも感じますが一つひとつのニーズにチャレンジしながら試行錯誤を繰り返し、細かい糸をつむぎ合わせていく作業を丁寧に行ってきた積み重ねであったようにも思います。

大きなビジョンを描くのではなく、一つひとつ積み上げていくことで自治体・小学校・街の医療機関などにもつながります。こどもむらの実践は、自分たちから動いてチャレンジ・行動してみることの大切さがみえてきます。

3つの事例に共通しているのは、多様な人とかかわりあう大切さについて言及している点です。さまざまな人とのかかわりは、まさにトライアル・アンド・エラーの連続です。自園だけでは解決できないこともありますが、それは出会いでもあり、新たなチャレンジにつながります。多様な人とのかかわり合いの中で生まれるやりとりの延長に、子育て支援で目指すニーズがあるのでしょう。トライアル・アンド・エラーのサイクルこそが、地域や園を通して子どもを中心とした子育ての支援を考えるきっかけにつながります。

園の保育の
質の向上を目指して

本章では、他の2園で5年程度経験した後に、
父親が園長を務める幼稚園に年長担任及び
副園長という立場で勤務を始めた保育者（田中健介先生）が、
園の保育に理解と疑問の双方を感じつつ、
質の向上を目指すプロセスを紹介します。

5-1 綾南幼稚園（神奈川県）
座談会

対話を通した職員理解と意識の共有

綾南幼稚園は、神奈川県綾瀬市にある創立48周年目を迎える私立幼稚園です。
各学年3クラスずつで、園児は約200名ほどです。
園内環境は、各保育室のほかに、絵本の部屋や製作の部屋があります。
戸外には、子どもたちが思いきり走り回れる広大な園庭や、
園に隣接する田畑や草地もあり、豊かな自然環境に恵まれています。

自園の保育に感じた違和感

　私は大学を卒業後、都内の2つの私立幼稚園で6年ほど担任として勤務させていただき、2020（令和2）年4月より、父親が園長を務める綾南幼稚園で年長担任兼副園長という形で保育に携わることになりました。

　当園の保育に対する基本的な考え方は、当園のホームページ上に掲載している『りょうなん幼稚園は、禁止ばかりの規則や小学校の先取り教育、訓練じみた教育よりも、豊かな環境の中で、子どもたちが自由に、自ら遊びを見つけ、友達や保育者とふれあいながら遊びに没頭できることを大切にしたいのです。』※という言葉に表れています。いわゆる"遊びを大切にする"保育を目指している幼稚園です。

※https://www.ryonan.ed.jp/education

　ところが担任として現場の保育にかかわってみると、遊びを大切にしたいという園の方針があるにもかかわらず、実際の活動や計画に対して違和感や疑問をもつことが少なくありませんでした。

　最初に抱いた違和感は、一斉活動に関するものでした。ほぼ毎日行われている一斉活動の内容の一例を挙げると、4月なら「コーナーめぐり」と題して、子どもたちを絵本の部屋に連れて行き、「ここは絵本を読む場所です」「片づけ方はこうですよ」「ここでは走ってはダメですよ」と、園内にある主な環境とルールを紹介して回ります。

　しかし4月といえば、子どもたちは入園・進級で新しい環境に置かれ、不安と混乱の中にいる子どもがほとんどです。そんな時に、大人から一方的にルールや禁止事項を伝えることに違和感を覚えました。

　こうした活動以外にも、その活動が子どもたちにとって本当に必要だろうかと疑問を感じるものが多くありました。さらに、そういった一斉活動を行うために、子どもたちは10時頃に大音量で流れる音楽とともに、遊びをいったんやめて片づけをしなければならないという決まりもあり、遊びの広がりや継続が起こりにくい環境でした。

期案に縛られた保育

　以前から当園に勤務していた職員から話を聞くと、そういった活動の背景には『期案』の存在があるらしいということがわかりました。当園では4月からの1年間を5つの期に分け、期ごとに目標や予想される活動を記したものを期案と呼んでいます。

　この期案、本来は期ごとに定められた目標をもとに、子どもたちに合った活動を選ぶための"参考"としてほしいという思いで、現在の園長が作成しました。ところが月日が流れる中で、期案に書かれた活動をそのまま月案に落とし込み、毎年同じ時期に同じ活動をするための『やらなければいけないことリスト』へと変貌していました。そして期案に則った活動内容に合わせて、子どもたちを型には

めようとするので、「できない子が叱られる」という窮屈で退屈な保育になってしまっていたのだと思います。

　さらにこの期案が作られたのは、十数年前だそうです。その当時の幼稚園教育要領に沿って作られたものだと聞きましたが、驚いたのは作成されてから今日まで、その内容がまったく更新されていないことでした。となれば、当然、今の子どもの興味や発達の段階に合わせて保育をする余地はなく、職員も毎年同じことをすると決まっているため、保育の面白さを味わうことや自分の持ち味を活かした保育を行う機会を失っているような状況でした。

綾南幼稚園が目指す方向性

　改めて当園の課題を整理すると、期案という枠にとらわれて子どもたちを活動に合わせようとする窮屈な保育をしていること、保育者も目の前の子どもの興味を拾って遊びや生活へとつなげていく面白さを忘れてしまっていること。この2つが、当園の大きな課題となっていることがわかりました。

　私は、期案にとらわれすぎず、本来当園が目指していたはずの"豊かな環境の中で、子どもたちが自由に、自ら遊びを見つけ、友だちや保育者とふれあいながら遊びに没頭できる"保育を取り戻したいと考えました。幸いなことに、私以外にも現状の保育に疑問をもつ保育者がいましたが、長年培ってきた伝統を崩すことは難しく、もどかしい思いをしていたようです。

　それまで私は、漠然と「良い保育がしたい」と、保育関係の書籍や雑誌によく名前が上がる園の保育を目指そうとしていました。しかし、子どもや保育に対する職員の思いを聞くにつれて「保育者がいきいきと保育を楽しめるようになること」を大切にしたいと考えるようになりました。それは、園の保育に対して賛否両論ながらも真剣に考えてくれている保育者がいることが嬉しく、子どもに一番近い存在の保育者の考え方が変われば、結果として子どもにとっても良い影響があるだろうと考えたからでした。

質の向上を目指す上での工夫

実践を示す

　当園の課題が明らかになったところで、まずは担任という立場から保育実践を示していくことで、保育者にアプローチをしていこうと考えました。現場の保育者と同じ目線で試行錯誤する私の姿を見てもらい、アクションを起こすきっかけにしてもらおうと思ったのです。その一例として、ケーキ屋さんの事例を紹介します。

　クラスの女の子のつぶやきから、廃材を使ってケーキづくりを始めたことが遊

びの発端でした。朝の集まりの時間に紹介すると、子どもたちから次々とアイデアが出てきて、さまざまな種類のケーキができ上がり、あっという間に「ケーキ屋さんを作ろう！」という話になりました。ケーキ屋さんでは、交互に店員とお客さんの役になりきって、やりとりを楽しんでいました。

ケーキづくりから次々とアイデアが生まれ、あっという間にケーキ屋を作る話に。

当園の園舎は廊下と保育室が分かれておらず、保育室を通るときに自然と室内の様子が目に入る構造になっています。そのため、すぐに「あのクラスでケーキ屋さんが始まった」と話題になり、他学年も巻き込んでたくさんの子どもが遊びに来るようになりました。これまでの担任経験から、子どもは隣のクラスや他学年の遊びから刺激を受けて、自分の遊びにつなげていくことを感じていました。ケーキ屋さんに遊びに来た他クラス、他学年の子どもたちが「ぼくたちも、○○したい！」という声を自分たちのクラスで上げてくれることで、遊びの火種となり、さまざまな遊びにつながるきっかけになればと考えていました。

これまでこのような遊びが生まれなかった最大の理由として、折り紙などの教材を担任が用意した一斉活動以外では自由に使えないというルールがありました。"もったいない精神"が行き過ぎた結果、作られた制約だろうと思います。教材を無駄に使っていいとは考えていませんが、子どものイメージを形にしたり、ものづくりのアイデアが生まれたりするためには、必要不可欠なものもあるはずです。

その思いに基づき、私は独断で折り紙、画用紙、リボンなどさまざまな素材を用意し、子どもたちはその素材に触れながらいきいきとケーキ屋さんの遊びを続けていきました。教材の使用に関しては職員に相談をするか悩みましたが、副園長である私が率先して教材を使っている姿を見せれば、他の保育者たちも使いやすくなるのではないかと考えて、使用に踏み切りました。

しかし、実際にはそんなに上手く話は進まず、これまで続けてきたやり方を変えていくことに躊躇する保育者も多く、すぐに変化はありませんでした。それでも保育室内に素材置き場を作ったクラスや、子どもの声を拾ってアイス屋さんを始めたクラスなど、徐々にさまざまなクラスで面白そうな遊びの種が生まれ始めています。

これまで一斉活動を主体として取り組んできた園なので、子どもの遊びを軸にした保育の経験が少ない保育者がほとんどです。そのためこれから先、子どもの遊びに向き合う過程で、悩むことも多いでしょう。しかし、まずは目の前の子どものつぶやきを大切にして、目の前の子どもの姿を面白がれる保育者でいてほし

ケーキ屋さんに刺激を
受けて、年少組で始
まったピザづくり

段ボールを使って秘密
基地づくり（年少組）

いと私は願っています。当園はそのための第一歩を踏み出したばかりです。

対話を繰り返す

　より良い保育を目指すために園が変わっていくと聞くと、強靭なリーダーシップをもつ人が方向性を示し、具体的な手立てを伝えてぐいぐいと組織を率いていくというイメージを抱いていました。副園長という立場でもあったので、私も保育の違和感のある部分を指摘して、強制的に活動をなくしたり新たな取り組みを実施したりすることができたかもしれません。

　しかし、保育者の立場になってみれば、戻ってきたばかりの園長の息子に「あれをしよう！これはやめよう！」と好き勝手に保育に口を出されれば、たとえそれが子どもにとって良いことだったとしても、快く受け入れられるはずがありません。何よりも、そういった陣頭指揮をとるようなやり方は自分には向いていないと感じていました。それより、「こんな保育ができたらいいのに」「ここが困っているのよね」という保育者の思いに向き合うことが、現場の保育を変える力につながると考えていました。そのためにも、保育者一人ひとりの思いを知るための「対話」が大切になると考えたのです。

　そこでまず大切にしたのは「自分自身を知ってもらうこと」でした。私としては、園の保育に対する保育者の思いを早く知りたかったのですが、まずは私に対する警戒心を解いてもらわないことには、悩みや目指したい保育についての「対話」にはならないと感じていました。

　「対話」といってもまず始めに取り組んだことは、自分を知ってもらうために、その日の保育中に起きた出来事を保育者と話すことでした。何気ない子どもの姿

を語ることが、私の人となりや保育に対する思いを一番伝えられると考えたからです。思わず笑ってしまった子どものつぶやきについて話すこともあれば、この活動がなぜ行われるようになったのかといった活動の背景を尋ねたこともありました。

こういった対話を続けていくと、どこかでお互いの保育に対する考え方や価値観が見え隠れする瞬間があります。お互いがその活動をどうとらえているのかを伝え合い、保育に関する何気ない会話をすることで、自園の保育に対する本音を語り合う対話に発展していきました。「この人ならきっとこの悩みをわかってくれる」と信用してもらえたからこそだと思います。

それからは、折に触れて保育者と「対話」する時間をもつようになりました。これまで以上に園の保育に対する悩みや希望が保育者の口から語られるようになり、今の保育を変えていきたいという思いをもっている保育者がいることもわかってきました。

目の前の子どもの姿をとらえることを忘れ、期案に縛られ十数年変わらない保育をしてきた当園ですが、そこにいる保育者が自園で行われてきた「当たり前」を「このままで良いのか」と問い直すことをしなくなれば、保育は停滞し、今を生きる子どもたちにとって、保育は害となってしまうでしょう。そのように「停滞する保育」になりかけていた当園の保育に疑問を感じ、変えていきたいという思いをもつ職員がいてくれたことは、より良い保育を目指して変わっていくための、根っこになるかもしれないという小さな希望になりました。

保育者との対話を通して私が感じ取ったことを、職員全体で共有したいと考え、2学期に向けた話し合いの際に、「期案に縛られず、目の前の子どもの姿からあそびを生み出していくこと」「既存の保育内容を『本当に必要か？　今の子どもに適しているか？』と立ち止まって考えること」などを伝えました。

この話をしたからといって、急に明日から保育がガラッと変わるわけではないでしょう。しかし、少しでも保育者が意識を変えていくためのきっかけとして、私の発信のいくつかが保育者の心の片隅に残ってくれたらと考えるとともに、いつでも保育者から対話を受け入れてもらえる存在で居続けられるように努力していきたいと思っています。　　　　　　　　　　　　　　　　　　　　　　　　⒤

田澤里喜 先生

田中健介 先生

井上眞理子 先生

座談会

保育の改善における
リーダーの立ち位置と役割

第1節では、田中健介先生が副園長兼担任として就園してから今までの取り組みを紹介しました。
第2節では、本書の編著者である田澤里喜先生と井上眞理子先生を交えて、
保育を改革していく際のリーダーとしての立ち位置や役割を考えていきます。

進行:編集部

後ろから支えるリーダーでありたい

——まず、田中先生の取り組みを通して感じたこと
をお話しいただけますか。

井上　リーダーとしていろいろと思い悩み、葛藤さ
れてきたことが文章から伝わってきました。マネジ
メントの視点で考えると、まずはリーダーのあり方
です。リーダーにもさまざまな役割や立ち位置があ
りますが、自分の特性を見極めて丁寧にそのあり方
を考えていらっしゃったのだと思います。

田中　これまで勤めてきた2つの園でもリーダーと
呼ばれる人たちがいて、リーダーシップのあり方も
さまざまだなとは感じていました。その中で自分は

どういうリーダーシップをとれるかと考えたとき、
みんなの前に立って引っ張っていくよりも、後ろか
らみんなを支えるリーダーでありたいと思っています。

田澤　リーダーのあり方というのは、リーダー自身
の個性に加えて、組織のあり方にもよるのだろうと
思います。綾南幼稚園の先生方はどういった人が多
いですか？

田中　職員についてすべて理解しているわけではあ
りませんが、幼児期における遊びの大切さは理解し
ているようです。ただ、長年培ってきた幼稚園の伝
統を突き破るまでではなく、周りに配慮しながら、
というタイプではないでしょうか。ですから、後ろ
から支えるだけのリーダーシップでは、組織の変革

は難しいという思いもあります。

井上　後ろから支えるリーダーのあり方には、周囲の理解・協力が欠かせないと思います。田中先生の思いに共感・協働する職員はいらっしゃいますか？

田中　全員ではありません。私は年長組の担任を兼任していますが、同じ年長児担当の先生方には、現在の保育に疑問をもつ方もいるので、少しずつ話を聞きながら思いを共有している段階です。

丁寧な職員理解が保育の質につながる

——職員と対話をしながら、協働者を少しずつ増やしていくというお話ですが、そういった時間を確保する工夫、話す内容について教えてください。

田中　日々のちょっとした出来事について話しているときに、保育者の表情や言い回しから、保育者自身が抱いている違和感を感じ取り、話を広げていますね。違和感を大事にするのは、今の保育に対する疑問だと思うからです。

田澤　話し合いや振り返りは、時間を決めて行うのですか？

田中　振り返りの文化がない園なので、時間が空いたときに雑談から入る感じです。当園の職員は、みんな子どもの話を楽しそうに語るので、自然と保育の振り返りにつながる雰囲気があるのが良いところですね。

田澤　システムとして毎日振り返りの時間を設けるのか、振り返りができる雰囲気を作るのか、というのは大事な視点ですね。

井上　技術的・具体的な方法を取り入れていくことがマネジメントだととらえがちですが、実際はそんなに簡単ではありません。職員の思いや反応、時間、方法、さまざまなことを試すことがマネジメントでもあるので、田中先生の試行錯誤が現場の雰囲気を形成してきたのだろうと思います。おそらく田中先生は、職員同士の関係性もよく観察されて、一人ひとりの職員の保育観や考え方を尊重し、話し合いを

されているのではないでしょうか。

田澤　2年間一緒に働いて、田中先生の保育を見ていましたが、すごく丁寧なんですね。一人ひとりの子どもを理解して丁寧にかかわっていました。それは、保育者に対する接し方にも通じていると思います。

田中　保育者の本音は、言葉とは別のところにあることも多いと思います。それをうまく汲んでいくことで、信用の基礎を築きたいです。これは、子どもと向き合う保育に通じるところがあると感じています。以前、田澤先生は「園長は担任の担任だよ」とおっしゃっていましたが、そのとおりだと実感しています。

挑戦・失敗・修正のサイクルをすすめるために

井上　職員を理解するためには、まずは自分自身を知ってもらうということですね。そのスタンスは田中先生のリーダーシップのあり方に反映されていると思います。保育を良くしていこうという明確な目的があると、どうしてもトップダウン型になりがちです。後ろから支えるリーダーシップだと、もどかしさも感じると思いますが、田中先生はどのように対応されていますか。

田中　年長組の担任の先生とは率直に話し合える関係になってきましたので、かなり突っ込んだ話もで

きます。ただ他の学年の先生方に対しては、うるさく言わずに様子を見るようにしています。

田澤　自分が見ていない、担任ではないということがブレーキになっているというジレンマですね。

田中　そうです。良くするために、どの程度介入するか、そのあたりの難しさは感じています。

田澤　行事など、前年を踏襲したやり方を変えないほうがミスは少ないんです。でも、本当にそれでいいの？　という疑問をもってほしいですよね。

井上　変えなければ失敗も生まれませんが、良くもなりません。

田澤　失敗しないと修正はできませんよね。さらに、失敗するためには、何らかの挑戦をしていないといけません。

井上　組織は変化をやめたら停滞してしまいます。ですから、変化を恐れるリーダーの組織は、いずれ衰退していきます。

園長と「良い塩梅」な関係性

田澤　田中先生は副園長という立場でもあります。そのあたりの使い分けもカギになるのではないですか？

田中　副園長と担任という２つの立場をうまく使い分けたいという思いはありますが、副園長は初めてなので、自分の中で明確なかたちはありません。ただ、職員よりも声を上げやすい立場ではあると思う

ので、職員のためになるのであれば、現場の声を代弁したいです。

井上　園の風土を変えていこうとされる際に、職員との関係性で苦労することはありますか？

田中　職員は年齢も保育に対する考え方もさまざまですし、私より経験のある職員も多いです。その中で、園の風土を変えていくための話し合いをする時は、自分の意見が通らなかったり、これまでの自分を否定されたように感じたりと、嫌な思いをしている職員がいないかどうか気を遣うので、その点に難しさを感じています。

井上　副園長の上には園長先生がいるわけなので、園長がダメといえばできないこともあると思うんです。大きな法人であれば理事もいるわけで、トップではない副園長なりの難しさをどのように感じますか？

田中　園長はあれこれと細かく指示を出すタイプではありませんし、主任保育者も私の取り組みに理解を示してくれているので、動きやすさは感じています。一方で、現場の職員から生まれる意見を大切にしていきたいですが、園長の決定がないと動けないこともありますよね。現場と園長との橋渡しが自分の役割の一つだと思いますが、そのバランスをとることが難しいですね。

田澤　私は、園長が何でもかんでも決める組織はダメだと思います。田中先生の園は、園長と副園長の役割分担や関係性が良い塩梅なんでしょうね。

田中　最終的な決定は園長が下しますが、私は現場の意見を聞いた上で、最後に園長に聞いてみるという流れをうまく作ることができればと考えています。今はまだその流れが十分ではなく、先生方にまかせてしまっている気がします。

田澤　保育者の主体性を大切にすることで、保育をより良くしていく方向性が、ずれてしまう可能性もありますね。

田中　行事等で園長のこうしていきたいという思いがなく、活動ありきの話し合いが進むと、細かいところでこだわりすぎて、子どもが主体でなくなって

しまうと思います。

井上　現場に委ねていくやり方だと、リーダーの思いと現場のやりたいことがずれていく可能性があります。職員は「よかれ」と思ってやっているので、ブレーキがかからないんですね。園の方針やビジョンをみんなで作り上げて、無意識にみんなが了解しているのが良質な組織だと思いますが、任せきりだと知らず知らずのうちにズレが生じるので、職員とリーダーの対話を重ねてそのズレを埋めていく。それが田中先生の場合、絶妙なのではないのでしょうか。

現場目線で発揮できるリーダーシップ

田澤　今は副園長と担任を兼務していますが、いずれ副園長に専念する立場になったときのイメージはおもちですか？

田中　まだイメージは湧きませんが、園内やクラスにはなるべく足を運びたいですね。実践の中で、担任の先生がやっていること、やりたいことを見て、肯定できる存在でありたいと思います。

田澤　足を運ぶと、担任がどういう保育をやりたいのか、うまくいっているのか迷っているのかがわかりますよね。

井上　田中先生は、現場目線でリーダーシップを発揮できるという強みがありますね。加えて、いろいろな現場で出会ったリーダーたちの姿から、マネジメントというものを吸収してきたのだろうと思います。

田中　保育の業界だけでなく、友人や学生時代の教師など、さまざまな人から吸収している部分はあると思います。

井上　組織が成長するには管理職も日々成長が必要です。当然、うまくいかないことも起こるわけで、そのときにどう修正していけるのかを考え、学び続ける姿勢を田中先生からは強く感じます。

田澤　振り返りも修正の方法の一つですね。

井上　目的を達成するためには、うまくいったこと、いかなかったことを客観的にとらえることです。どうしても感情的になりがちですが、感情に引っ張られない冷静さがリーダーには求められます。客観的な分析の次には、その分析に基づいた方法を考えますが、そこでもズレが生じるので、また修正して試す必要があります。

組織の発展に、
外側からの刺激を活かす

井上　田中先生の話を伺っていると、職員は田中先生と対話を通して学んでいるんだろうと感じます。対話がなく、阿吽の呼吸だけだと全然伝わっていなかったこともありますよね。

田澤　日常の些細な出来事でも伝え合う習慣ができれば、自分たちの保育は何のためにしているのかと言葉で説明できることにもつながると思います。

井上　言葉で説明できない現場も多いですね。

田中　就園当初から、「良い保育ができているか？」という視点で保育をしていたので、すべてに対して「これでいいのかな」と立ち止まって考えていました。ですから、ことあるごとに保育者に問いかけることを繰り返して、見直しのきっかけになればと思っています。職員から「健介先生が来てから、変えやすくなった」という声を聞くことも多いので、私自身が外的要因だったことも大きいと思います。

田澤　外的な要因があることで組織が活性化するということですね。

井上　自分たちだけで組織を発展させていくのは、かなり意図的にやらないと難しいと思います。その意味では、あえて外的な刺激を入れる作業も必要ではないでしょうか。

田澤　でも、地方の園では研修の機会も限られるし、外的な刺激を入れる環境づくりは難しいですよね。

井上　それはトップのマネジメントですよね。外部との接点をもつのは、トップの大切な仕事。園長は船の船頭ですから、海の状態を見極めて前に進むわけです。自分の船の状態を把握することも大切ですが、外の様子を知らなければ正しく舵をとることはできません。

田中　他の園を見たり研修に参加したりして、こん

な保育ができたらいいなという思いはありますが、いきなりそこを目指そうとしても、現実的には難しい。じゃあどうしようか、と現場を見渡したとき、同じ思いの職員がいた、仲間を見つけた感じでうれしかったですね。思いを共有できる仲間と一つひとつ丁寧に語り合い保育を変えていきたいと思います。

田澤　雑誌に掲載されているような園も、最初からうまくいっているわけではなく、目の前の子どもたちのことを考えて試行錯誤してきた結果だと思うんです。そのプロセスを飛ばして、結果だけをまねようとしても無理ですよね。

井上　「保育を通して何を達成したいのか」、組織の存在意義を問い続けることも管理職の役割です。

——**外的な要因を取り入れて浸透させていくというときに、その浸透のさせ方も大切な要素かと思われます。**

田中　園内研修の文化は作りたいと考えています。加えて、職員がほかの園を見る機会も設けたいですね。外の園からもらった刺激を自身の園にフィードバックするという流れは作りたいです。

井上　マネジメントというと結果にとらわれがちですが、結果にたどりつくまでのプロセスにおける変化や修正こそが本質です。その意味では、田中先生の園はマネジメントの真っ最中ですね。

——**本日はありがとうございました。**

保育者たちの思いを拾って形にすることが、保育の質の向上につながる

田中健介

田澤先生、井上先生という保育とマネジメントそれぞれの専門家であるお二人との対談の機会をいただき、とても光栄でした。

井上先生のお話の中に、『私たちは保育を通して何をする組織なのかと問い直し続ける重要性』という話がありました。園の経営者も現場の保育者たちも、子どもたちにとってより良い保育を提供したいという思いを少なからずもっているはずです。しかし、その思いをもとに個々が好き勝手に動き出してしまっては、井上先生のたとえをお借りするなら「1つの船の上で、乗組員が好き勝手に漕いでいる状態」になってしまいます。これでは、船は前進どころか下手をすれば停滞・後退してしまうかもしれません。良い保育を目指すためには、当たり前ですが、まずは「この船がどこを目指して進むのか」というビジョンを職員間で共有する必要があると感じました。

そして、そのビジョンを元に、日頃から自分たちの活動の方向性を問い直す癖をつけたいと思います。

また、田澤先生に指摘していただいた目の前の子どもを大切に扱うという保育の原点の話も非常に考えさせられました。田澤先生の言葉で保育において大切にしなければいけないことを語っていただいたことで、子どもと向き合うことも保育者と向き合うことも、根っこは同じところにあるのだと再確認する機会になりました。保育においては、子どもの「したい、やってみたい」という気持ちを受け止めて形にしていきますが、保育者とともに良い園を作っていく過程においても、同じようにその組織を支える保育者たちの思いを拾って形にしていくことが、結果として保育の質の向上へとつながっていくのではないかと思います。

保育も組織も「人対人」の営みである

田澤里喜

田中先生、井上先生との対談を終えて思うことは、保育も組織も「人対人」の営みであるという当たり前のことです。「人対人」だからこそ、悩むし、モヤモヤするし、落ち込むし、相手の気持ちを考えようとするけどうまくいかないこともあるのです。

紙幅の関係で割愛していますが、対談の中で田中先生は「家に帰ってから1人で、あーって悶々とすることがあります」と言っていましたし、愚痴みたいになっている自分に悩んでいるというようなこともお話ししていました。このように悩んだこと、うまくいかないことに対して「じゃあどうしようか?」と考えることが保育の改善をする上でとても大切で、人として成長させてくれることであると思います。

また、人対人だからこそ、その人の人柄も保育や組織づくりに影響します。

田中先生は以前、私が園長をする東一の江幼稚園に担任教諭として勤務をしていました。とても穏やかで、丁寧でじっくりと考え物事に取り組む人で、思い立ったら行動してしまう私よりも落ち着きのある人です。そして、その人柄には私のほか多くの同僚が惹きつけられていました。

そんな彼の組織づくりは、落ち着きがない私とはずいぶんと違うのは当然で、彼の人柄に応じた保育や組織づくりのあり方を模索しているのが、対談を読んでもらうとわかってもらえると思います。

その人柄ですが、リーダーだけでなく、そこにいるすべての人の人柄が絡み合っているのが組織です。だからこそ、田中先生は保育者の近くにいることを心がけているのでしょうし、井上先生もおっしゃるように「対話を通して学んでいる」姿勢や「組織が成長するには管理職も日々成長」することを大切にしているのでしょう。

最後に、田中先生はよく本を読み、考え、実践し、多くの人と対話をしている人です。これは私も見習いたいところです。

おわりに

　質の高い保育実践を実現するための工夫や努力は、どの現場でも、今や取り組んでいることと思います。しかし、一言で「保育の質」と表現しても、その捉え方はさまざまです。本書は、“結果としての保育”の質や、“方法論としての保育”の質よりも、“プロセスとしての保育”の質を大切にしたいという思いから生まれました。そして、「そんなに簡単に質の高い保育は実現できない」という現場のリアル、日々、苦悩し、模索しながら果敢に保育に向き合う現場の実態に焦点を当てたかったのです。

　保育業界のみならず、我々の生活は今、「スピード」「効率性」「汎用性」が求められます。「できるだけ早く」「できるだけ効率よく」「幅広く」質の高い保育を提供すること。保育者も現場もそのニーズに対して、必死に応えようとしているのかもしれません。しかし、“人間を育てる”という保育の営み、“組織をつくる”というマネジメントは、それほど「早く」「効率よく」「どんな子ども・現場にも」通用するうまい方法はありません。

　事象はさまざまな要素が絡み合いながら立ち現れ、現実をつくりだします。多くの要素があるため、一筋縄ではいかず、挫けそうになることもあるかもしれません。私自身もマネジメントをしながら、「なぜ、うまくいかないのだろう」「どうしてこうなってしまったのだろう」と悩む日もあります。予測どおりに進まない現実に、悶々とする夜もあります。

　しかし、発想を転換すれば、“解決する糸口も豊富にある”ということです。結果に一喜一憂するのではなく、「こうしたらどうなるだろう」「それでもダメなら、こうしてみよう」と、常に科学的好奇心をもちながら、実験的に保育や職場づくりを楽しむ余裕もまた、必要なのかもしれません。

　正解が与えられない社会情勢の中で、新しい価値と生活を創造する子どもたちの将来を思うとき、未知の課題に向き合い、考え、挑戦し続ける力が、これまで以上に求められています。そうであるならば、保育にかかわる大人もまた、課題に向き合い、挑戦を繰り返しながら、新しいことにチャレンジする勇気と、そのプロセスを楽しむことが、“保育マネジメント”には大切だと思います。

　最後になりましたが、中央法規出版の平林敦史さんには、これだけ数多くの執筆者の先生方と編者をつなぎ、細やかなお心くばりとスピーディなお仕事ぶりでサポートしていただきました。編者を代表して、心より御礼申し上げます。

洗足こども短期大学
井上眞理子

編著者・執筆者一覧

編著者

井上眞理子 いのうえ・まりこ
洗足こども短期大学 教授

田澤里喜 たざわ・さとき
玉川大学 准教授・学校法人田澤学園 東一の江幼稚園 園長

田島大輔 たじま・だいすけ
和洋女子大学 助教

執筆者

佐々木俊則 ささき・としのり
社会福祉法人明生会 わかば保育園 園長

松野 敬 まつの・たかし
社会福祉法人こどものいえ 羽茂こども園 園長

吉田 茂 よしだ・しげる
有限会社大分ふたば ふたばこども園 園長

亀ヶ谷元譲 かめがや・もとのり
学校法人亀ヶ谷学園 宮前おひさまこども園 副園長

長谷川真紀 はせがわ・まき
社会福祉法人信正会 北千住もみじの森保育園 園長

三上祐里枝 みかみ・ゆりえ
社会福祉法人たちばな福祉会 RISSHO KID'S きらり 園長

佐藤 援 さとう・たすく
社会福祉法人双葉の園 双葉の園保育園 園長補佐

西井宏之 にしい・ひろゆき
学校法人白梅学園 白梅学園大学附属白梅幼稚園 教諭

鈴木知美 すずき・ともみ
市川市立中国分保育園 園長（前・市川市立大洲保育園 園長）

和泉 誠 いずみ・まこと
株式会社なーと 代表取締役

永田文子 ながた・ふみこ
学校法人さくら学園 さくら認定こども園 園長

柿沼平太郎 かきぬま・へいたろう
学校法人柿沼学園 理事長・認定こども園こどもむら 園長

田中健介 たなか・けんすけ
学校法人文伸学園 綾南幼稚園 副園長

（執筆順。所属・肩書きは2021年6月現在）

トライアル・アンド・エラーに学ぶ
質の向上を目指す保育マネジメント

2021年7月20日　発行
2022年9月10日　初版第2刷発行

編著者　　　　　　井上眞理子、田澤里喜、田島大輔
発行者　　　　　　荘村明彦
発行所　　　　　　中央法規出版株式会社
　　　　　　　　　〒110-0016　東京都台東区台東3-29-1 中央法規ビル
　　　　　　　　　Tel 03(6387)3196
　　　　　　　　　https://www.chuohoki.co.jp/

本文イラスト　　　野村彩子
撮影（第5章）　　 島田 聡
装幀・本文デザイン　相馬敬徳（rafters）
印刷・製本　　　　図書印刷株式会社

定価はカバーに表示してあります。
ISBN978-4-8058-8350-1

本書の内容に関する質問については、下記URLから「お問い合わせフォーム」にご入力いただきますようお願いいたします。
https://www.chuohoki.co.jp/contact/